46억 년의 비밀, 생명을 살리는 지구

46억 년의 비밀, 생명을 살리는 지구

1판 2쇄 발행 2023년 1월 5일

글쓴이	김태영
그린이	최정규
편집	이용혁 허준회 이순아
디자인	문지현 오나경
펴낸이	이경민
펴낸곳	㈜동아엠앤비
출판등록	2014년 3월 28일(제25100-2014-000025호)
주소	(03737) 서울특별시 서대문구 충정로 35-17 인촌빌딩 1층
홈페이지	www.moongchibooks.com
전화	(편집) 02-392-6901 (마케팅) 02-392-6900
팩스	02-392-6902
전자우편	damnb0401@naver.com
SNS	f ⓘ blog

ISBN 979-11-6363-326-6 (74400)

※ 잘못된 책은 구입한 곳에서 바꿔 드립니다.
※ 이 책에 실린 사진은 위키피디아, 셔터스톡에서 제공받았습니다.

도서출판 뭉치는 ㈜동아엠앤비의 어린이 출판 브랜드로, 아이들의 지식을 단단하게 만들어 주고, 아이들의 창의력과 사고력을 키워 주어 우리 자녀들이 융합형 창의 사고뭉치로 성장할 수 있도록 좋은 책을 만들겠습니다.

초등융합
사회과학
토론왕
59

46억 년의 비밀, 생명을 살리는 지구

글쓴이 **김태영**   그린이 **최정규**

지구가 우리의 생명을 지켜 주는 비밀이 무엇일까?

뭉치
MoongChi Books

펴내는 글

46억 년이나 되는 지구는 어떤 비밀을 갖고 있을까?
생명을 살리는 지구 시스템의 정체는 무엇일까?

선생님의 질문에 교실은 일순간 조용해지기 시작합니다. 인내심이 한계에 다다른 선생님께서 콕 집어 누군가의 이름을 부르는 순간 내가 걸리지 않았다는 안도감에 금세 평온을 되찾지요. 많은 사람 앞에서 어떻게 말을 해야 할까 고민 한번 해 보지 않은 사람은 없을 겁니다.

사람들 앞에서 자신의 생각을 조리 있게 전달하는 기술은 국어 수업 시간에만 필요한 것이 아닙니다. 학교 교실뿐만 아니라 상급 학교 면접 자리 또는 성인이 된 후 회의에서도 자신의 의견을 분명히 표현할 수 있어야 합니다. 하지만 어디서부터 시작해야 할지 몰라 입을 떼는 일이 쉽지 않습니다. 혀끝에서 맴돌다 삼켜 버리는 일도 종종 있습니다. 얼떨결에 한마디 말을 하게 되더라도 뭔가 부족한 설명에 왠지 아쉬움이 들 때도 많습니다.

논리적 사고 과정과 순발력까지 필요로 하는 토론장에서 자신만의 목소리를 내려면 풍부한 배경지식은 기본입니다. 게다가 고학년으로 올라가서 배우는 수업과 진학 시험에서의 논술은 교과서 속의 내용만을 요구하지 않습니다. 또한 상대의 의견을 받아들이거나 비판하기 위해서도 의견의 타당성과 높은 수준의 가치 판단을 해야 하는 경우가 많은데, 자신의 입장을 분명히 하기 위해선 풍부한 자료와 논거가 필요합니다.

토론왕 시리즈는 사회에서 일어나는 다양한 사건과 시사 상식 그리고 해마다 반복

되는 화젯거리 등을 초등학교 수준에서 학습하고 자신의 말로 표현할 수 있도록 기획되었습니다. 체계적이고 널리 인정받은 여러 콘텐츠를 수집해 정리하였고, 전문 작가들이 학생들의 발달 상황에 맞게 스토리를 구성하였습니다. 개별적으로 만들어진 교과서에서는 접할 수 없는 구성으로 주제와 내용을 엮어 어린 독자들이 과학적 사고뿐만 아니라 문제 해결력, 비판적 사고력을 두루 경험할 수 있도록 하였습니다. 폭넓은 정보를 서로 연결 지어 설명함으로써 교과별로 조각나 있는 지식을 엮어 배경지식을 보다 탄탄하게 만들어 줍니다. 뿐만 아니라 국어를 기본으로 과학에서부터 역사, 지리, 사회, 예술에 이르기까지 상식과 사회에 대한 감각을 익히고 세상을 올바르게 바라보는 눈도 갖게 할 것입니다.

『46억 년의 비밀, 생명을 살리는 지구』의 주인공 한결이와 해리는 모르는 게 없는 신기한 동물 자랑이를 만나 지구의 신비에 대해 배우게 됩니다. 현재 우리가 지구에서 편하게 숨을 쉬며 살 수 있는 것은 지구 생명체를 보호하는 지구 내부와 외부에 있는 시스템 덕분입니다. 지구 자기장에서부터 대류 현상, 지형을 바꾸는 물의 순환, 숨을 쉴 수 있는 산소 등을 소개하고 있는 이 책을 통해 소중한 지구를 위해 어떤 일들을 할 수 있는지 고민해 보도록 해요.

편집부

차례

펴내는 글 · 4
자랑이는 뭐든지 알아 · 8

1장 지구야, 네 속을 보여 줘~ · 11

자랑이가 만든 지구

땅속의 비밀

  토론왕 되기! 광물과 관련된 직업에는 어떠한 것들이 있을까?

2장 도대체 지구에서 무슨 일이 있었던 것일까 · 37

만약 물이 없었다면

만약 대기가 없었다면

육지와 해저에서 일어나는 지진과 화산

  토론왕 되기! 화산의 두 얼굴, 자연재해의 양면성

뭉치 토론 만화
지구 46억 년을 하루 24시간으로 본다면 · 74

3장 지구의 친구, 태양과 달 · 83

스스로 도는 지구와 태양을 도는 지구
계절이 바뀌는 이유를 알아?

토론왕 되기! 태양광 에너지의 장단점은 무엇일까?

4장 지구를 지켜라 · 99

4월 22일, 지구의 날
지구 속삭임을 들을 수 있는 10분

토론왕 되기! 이산화탄소 청소부 크릴새우를 아시나요?

어려운 용어를 파헤치자! · 119
지구 관련 사이트 · 122
신나는 토론을 위한 맞춤 가이드 · 123

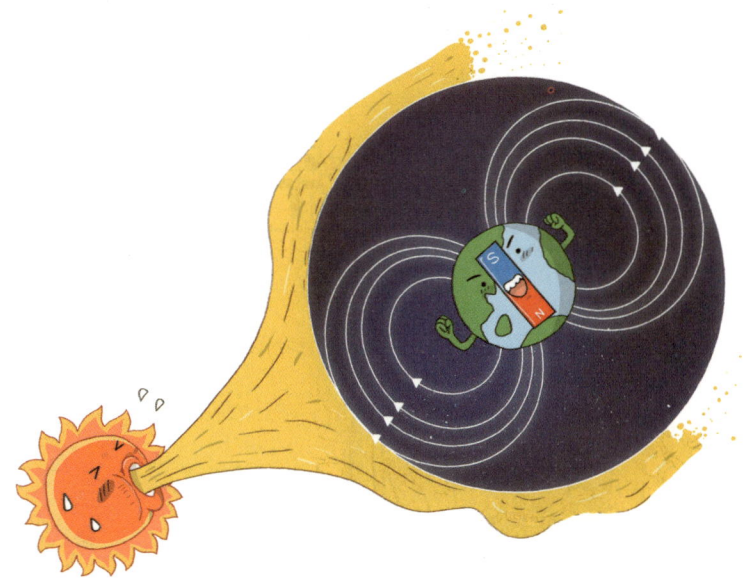

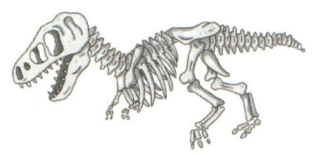

자랑이가 만든 지구

"어떻게 구슬이 공중에 뜰 수 있지? 너 마술 한 거야?"

한결이는 혹시 구슬이 투명 줄에 묶인 것은 아닌지 양손으로 구슬 위, 아래를 휘저었어요. 구슬은 어떤 실로도 묶여 있지 않았지요. 한결이의 입이 떡 벌어졌어요. 자랑이가 구슬을 더욱 빠르게 돌리자 구슬의 크기는 점점 커져 농구공만 해졌거든요. 그리고 구슬 겉이 투명한 막으로 둘러싸였어요. 자랑이가 돌린 것은 더 이상 유리구슬이 아니었어요. 표면에 울퉁불퉁한 땅이 생기더니 그 위로 하얀 솜 같은 것이 엷게 퍼졌어요. 자랑이는 구슬을 천천히 돌렸어요. 한 바퀴 돌릴 때마다 표면에는 산, 들, 호수, 강, 갯벌, 사막, 화산, 빙하 등이 생겼지요.

"우와, 대박! 대박!"

한결이와 해리는 눈앞에서 벌어지고 있는 일을 믿을 수 없었어요. 한결이가 투명 막 안에 생긴 물에 손을 넣었다가 입에 갖다 댔어요.

"우웩, 짜. 진짜 바다야!"

한결이와 해리는 동그래진 눈으로 자랑이를 봤어요. 도대체 자기 방에서 무슨 일이 일어나고 있는지 어리둥절하기만 했지요. 방 안에서 바닷물을 만질 수 있다니요! 한결이는 정말 신났어요.

"설마 지구를 만든 거야? 우리가 사는 지구를?"

자랑이는 별것 아니란 듯이 어깨를 으쓱였어요. 한결이는 '자랑'이라는 엄청난 보물을 발견한 것 같아 가슴이 쿵쾅쿵쾅 뛰었어요. 자랑이를 친구들한테 빨리 보여 주고 싶었지요. 특히 잘난 척 대마왕 나대찬한테 더욱 더요.

"자랑아, 내일 나랑 같이 학교 가자. 과학 시간에 오늘 보여 준 거 한 번만 더 보여 주라."

"싫어."

한 번에 거절한 자랑이 때문에 한결이는 속상했어요.

한결이는 자기도 과학을 잘 하고 싶다고 힘없이 중얼거렸어요. 그러자 웅크리고 있던 자랑이가 한결이를 슬쩍 보았어요.

"좋아. 그럼 내가 몇 가지를 가르쳐 줄테니 배워 볼 거야?"

한결이와 해리는 자랑이가 뭔가를 가르쳐 준다는 말에 잔뜩 기대감을 갖고 얼른 자랑이 옆에 다가가 앉았어요.

"지구 생명 장치부터 가르쳐 줄게."

"지구 생명 장치? 그게 뭔데? 지구한테 그런 게 있어?"

아이들은 처음 들어 보는 지구 생명 장치라는 게 도대체 무엇인지 궁금했지요.

"지구 표면은 지각으로 되어 있고 내부는 크게 세 개의 층으로 이뤄져 있어. 지각 아래에는 맨틀, 그 아래에는 외핵 그리고 중심인 내핵."

아이들이 고개를 갸우뚱하자 자랑이가 구슬을 빙그르르 돌렸어요. 그러자 놀랍게도 동그랗던 구슬이 두 조각으로 쩍 갈라지지 않겠어요? 한결이와 해리는 반으로 나뉘어진 지구 속을 뚫어지게 봤어요.

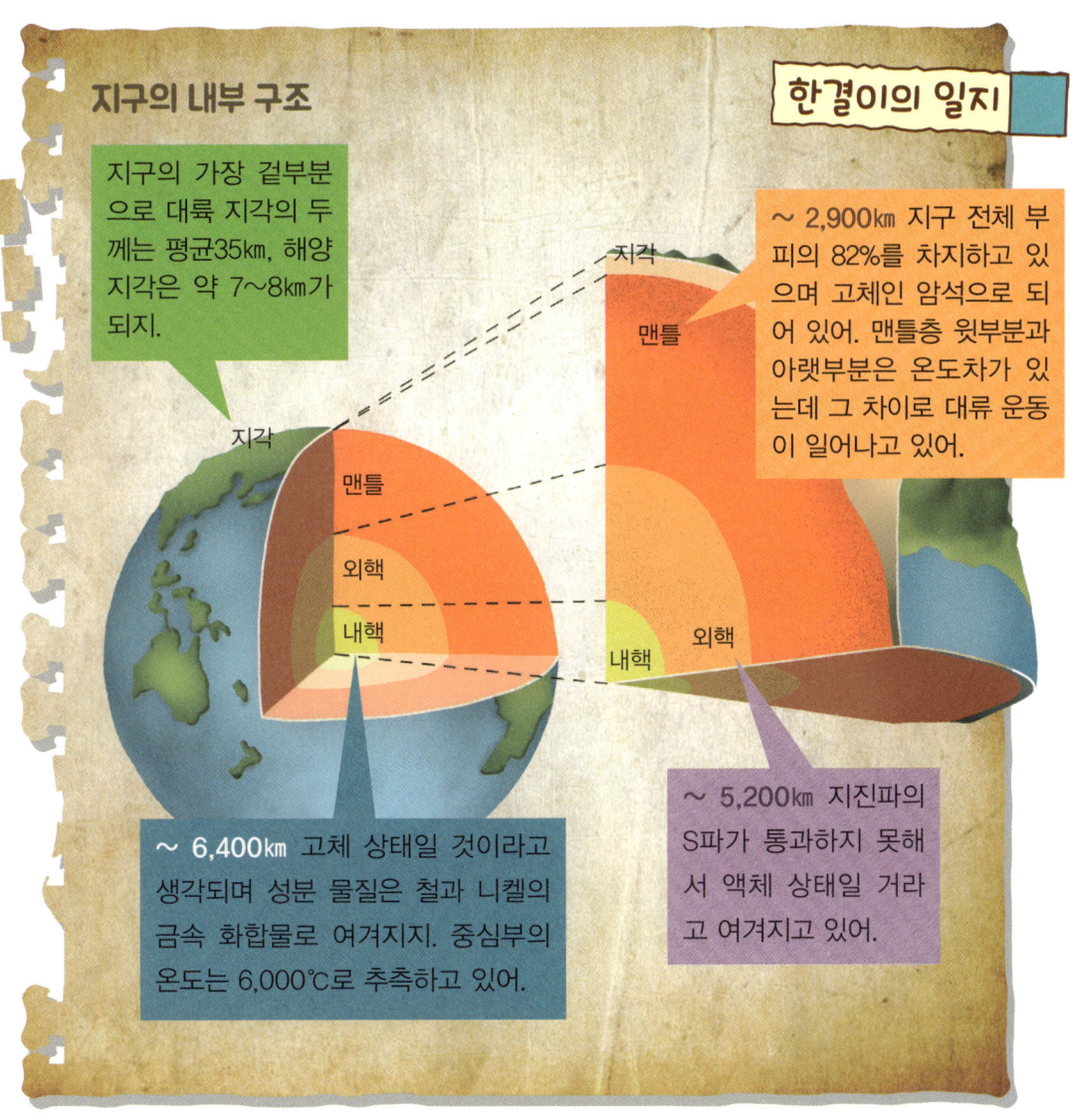

지구의 내부 구조

지구의 가장 겉부분으로 대륙 지각의 두께는 평균35km, 해양 지각은 약 7~8km가 되지.

한결이의 일지

~ 2,900km 지구 전체 부피의 82%를 차지하고 있으며 고체인 암석으로 되어 있어. 맨틀층 윗부분과 아랫부분은 온도차가 있는데 그 차이로 대류 운동이 일어나고 있어.

~ 5,200km 지진파의 S파가 통과하지 못해서 액체 상태일 거라고 여겨지고 있어.

~ 6,400km 고체 상태일 것이라고 생각되며 성분 물질은 철과 니켈의 금속 화합물로 여겨지지. 중심부의 온도는 6,000℃로 추측하고 있어.

"헐, 이게 지구 속이야? 지구 속은 몽땅 흙인 줄 알았는데. 이렇게 색이 다른 거야?"

"너희들이 이해하기 쉽게 물질에 따라 색을 좀 달리해 봤어."

한결이와 해리는 자랑이 덕분에 지구 속이 서로 다른 물질로 이뤄졌다는 것을 알았어요.

"지금부터 지구 속 탐험을 해 볼까?"

"지구 속을? 지금? 어떻게? 방바닥을 뚫고?"

당황한 한결이는 끊임없이 질문을 던졌어요. 만약 뚫린 방바닥을 부모님이 발견하신다면 얼마나 놀라실까요? 한결이는 한껏 걱정이 되었어요. 그때 해리가 한 마디 했어요.

"죽을 때까지 땅속을 보지는 못하겠지? 난 찬성!"

당차게 말하는 해리를 보고 한결이는 너무 놀랐어요. 아무리 겁 없는 동생이지만 진짜 겁이 없다는 생각을 했지요. 고민하는 한결이를 보고 해리가 또 말했어요.

"오빠는 집에 있어. 내가 갔다 와서 이야기해 줄게. 가자, 자랑아!"

"아니, 나도 갈 거야. 내가 너를 보호해야지."

한결이는 약간 떨리는 목소리로 대답했어요. 사실 걱정이 되기는 했지만 한결이도 땅속이 보고 싶었거든요. 자랑이가 방긋 웃으며 양손을 내밀자 해리와 한결이가 자랑이 손을 덥석 잡았어요. 그러자 자랑이와 아이들이 둥실둥실 공중으로 떠오르지 않겠어요! 그리고 순식간에 개미만큼 작아졌어요. 동시에 구슬도 커지기 시작했어요.

"어어? 자랑아! 다시 원래대로 돌아올 수 있는 거지?"

"나만 믿어!"

구슬은 점점 커져 방벽에 닿을 것 같았지요.

앗, 그런데 이게 어떻게 된 일일까요? 자랑이 몸이 오른쪽 왼쪽으로 흔들리더니 작은 버스로 바뀌었어요! 자랑이 옆구리에 문이 생기자 스르륵 열렸어요. 아이들은 입이 떡 벌어졌지요. 자랑이가 시간이 없다고 하자 해리가 얼른 자랑이 버스에 올라탔어요.

"자, 출발한다! 안전벨트를 확실히 매고 손잡이를 꽉 잡으라고!"

출발 준비를 마치자 자랑이의 두 눈에서 밝은 불빛이 뿜어져 나왔고 버스 앞면에 소용돌이 모양의 원뿔이 솟아났지요.

나선형으로 생긴 원뿔이 서서히 돌자 자랑이는 마치 두더지처럼 땅을 파고 들어갔어요.

"우리가 지금 통과하는 곳이 지각이야. 지구의 가장 바깥 부분인데 수박으로 따지면 수박 껍질이라 할 수 있지. 지각은 단단하고 굳은 땅과 암석으로 되어 있어."

크르릉 쿵, 크릉 쿵쿵. 버스는 계속 밑으로 밑으로 내려갔어요.

"해양 지각을 뚫고 들어가면 맨틀까지 7~8㎞만 가면 되는데 우린 대륙 지각으로 들어왔기 때문에 맨틀까지는 35㎞ 내려가야 해."

"35㎞? 그럼 엄청 오래 걸리는 거 아니야? 그냥 해양 지각을 뚫지 그랬어."

"좀 걸리긴 하지만 직접 게임 속에 들어왔다고 생각해 봐. 두더지 게임 같은 거 말야. 시간이 금방 갈 거야."

아무리 게임 속이라고 상상해도 한결이는 깜깜한 땅속이 심심하고 지루했어요.

"해양 지각은 현무암이고 대륙 지각은 화강암인데, 화강암을 뚫는 게 더 쉬워."

하지만 한결이에게 그런 말은 위로가 되지 않았어요. 괜히 따라왔나 하는 생각이 스멀스멀 올라올 때였지요.

"오빠, 저것 봐!"

해리가 한결이의 등을 톡톡 쳤어요. 해리가 가리킨 창밖으로 하얀 점들이 어떤 모양을 이루고 있었지요. 한결이는 하얀 점들이 무엇을 나타내는지 뚫어지게 보았어요. 버스가 앞으로 나아가자 하얀 점들로 보였던 것들은 더 이상 점이 아니었어요.

"오 마이 갓, 저건."

아이들은 본 것은 굉장히 큰 뼈들이었어요.

"어떻게 이렇게 큰 뼈들이 여기에 있지? 설마 공룡 뼈는 아니겠지?"

"공룡 뼈 처음 봐?"

자랑이가 대수롭지 않게 말했어요.

"헐, 대박 사건. 내가 공룡 뼈를 발견했다니. 이걸 하나만 가지고 가서 팔면? 난 이제 부자가 되는 거야!"

"공룡 박물관에 가져가야지 어떻게 팔 생각을 해? 내 오빠지만 부끄럽다."

해리가 한결이에게 핀잔을 주었어요.

"한결아, 네가 저 뼈를 가지러 이 버스에서 내리는 순간, 너무 더워서 숨도 쉬기 어려울 걸? 땅속은 100m 내려갈 때마다 3℃씩 온도가 올라가거든. 만약 땅 표면이 0℃였다면 지금 우리가 20km 정도 내려왔으니까 60℃ 정도 된다는 거지. 엄마 따라 찜질방 갔을 때 60℃ 되는 방에 들어가 본 적 있지?"

"뭐? 60℃? 그런 곳을 왜 들어가?"

한결이는 생각만으로도 덥다는 듯이 손부채질을 해 댔어요.

"방금 네가 네 욕심 때문에 그런 곳에 갈 뻔했어."

"그럼 우리가 지구의 중심까지 가면 엄청 뜨거울 거 아니야?"

해리가 걱정했어요.

"물론 땅속으로 100km 정도만 들어가도 엄청 뜨거워서 웬만한 물질은 다 녹아. 그런데 어느 정도 깊어지면 온도는 마구 오르지 않아. 온도 오르는 정도가 점차 작아져."

"뭐? 다 녹는다고? 그럼 우리는? 빨리 다시 돌아가자! 어서!"

한결이와 해리는 울상이 되었어요.

"만약 그랬다면 내가 너희를 여기까지 데리고 왔겠어? 걱정 안 해도 돼. 이 버스는 지구 중심까지 들어가도 아무 문제 없으니까. 지금까지 덥다고 못 느꼈잖아?"

울 뻔했던 한결이가 숨을 크게 쉬며 온몸으로 버스 안의 온도를 느껴

보려고 했지요.

"진짜네. 오히려 시원해."

해리도 오빠 말에 고개를 끄덕였어요.

"이제 너희들은 '마그마'를 보게 될 거야."

마그마와 용암

한결이의 일지

지각의 아랫부분이나 맨틀의 윗부분은 매우 뜨거운 상태야. 이 때문에 암석이 녹아 있는 상태로 존재하게 되지. 이것을 마그마라고 해. 마그마는 아주 뜨거우면서 대부분이 액체이지만 일부 기체와 고체도 포함하고 있어. 마그마는 주변 암석들보다 가볍기 때문에 지각의 약한 틈을 따라 위쪽으로 솟아오르는데 마그마가 지표로 분출하는 것을 화산이라고 하는 거야. 즉, 마그마가 지표를 뚫고 올라와서 분출하면 용암이 되어 흘러내리는 거지.

마그마와 용암 모두 고온 상태에서 광물이 녹은 액체 상태라는 공통점이 있어. 차이점은 마그마는 땅속에 있고 가스를 포함하고 있지만, 용암은 땅 밖으로 분출되고 가스가 날아가서 없는 상태라는 점이야.

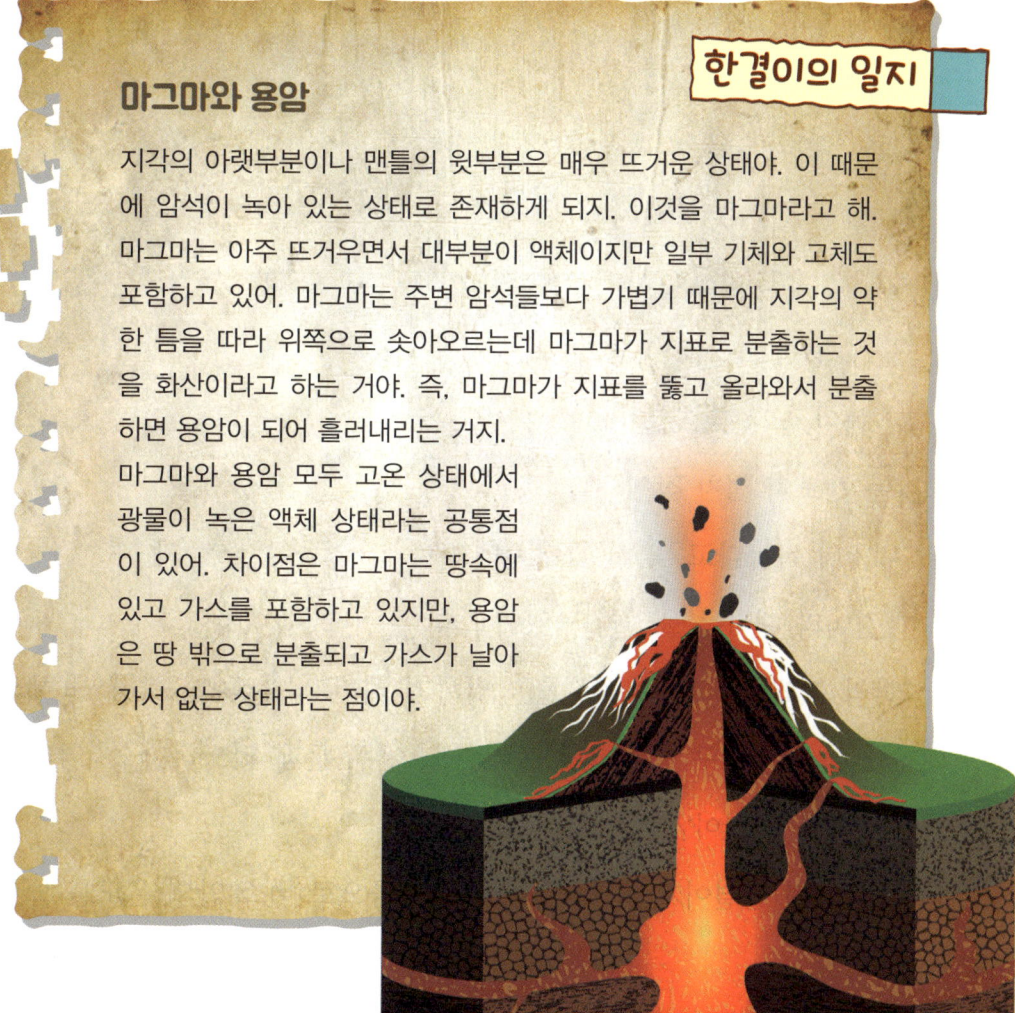

땅속의 비밀

얼마나 됐을까요? 점점 더 밑으로 내려가자 붉은 웅덩이가 나타났어요.

"땅속 물은 붉은색이야? 저 앞을 봐. 붉은 연못 같은데?"

한결이가 창문 밖으로 보이는 붉은색의 정체를 알고 싶었는지 창문에 얼굴을 딱 붙였어요.

"응, 그게 바로 마그마야. 바로 화산을 만드는. 맨틀은 뜨거운 암석층인데 두 부분으로 나뉘어. 맨틀 위쪽은 단단한 암석층이지만 맨틀 아래쪽은 그렇지 않아. 아래쪽은 젤리보다도 부드러운 암석으로 되어 있어서 어느 정도 움직이기도 해. 이렇게."

자랑이가 시동을 껐어요. 그러자 아래쪽으로 내려가기만 하던 버스가 갑자기 방향을 바꾸기 시작했어요.

"응? 지금 우리 방향이 바뀐 것 같은데."

한결이가 창밖을 보며 말했어요. 앞에 보이는 마그마의 위치가 바뀌고 있었지요. 마치 거대한 관람 열차가 돌 듯 버스는 마그마를 중심으로 원을 그리며 돌았어요.

"지구 중심으로 갈수록 더 뜨겁다고 했잖아. 아랫부분에서 올라오는 뜨거운 열기 때문에 맨틀 물질들이 위아래로 움직이는 거야. 국이 끓으

여러 모양으로 나타나는 지층

지층은 자갈, 모래, 진흙 등으로 이루어진 암석들이 시루떡이나 샌드위치처럼 여러 겹으로 아래에서부터 수평으로 쌓인 것을 말해. 암석들이 쌓인 것은 줄무늬로 보이는데 층의 두께나 색깔 등이 달라. 지층은 그 모양도 비스듬하게 기울어진 것, 휘어지거나 끊어져서 이동한 것, 수직으로 세워진 것 등 여러 가지야.

한결이의 일지

비스듬한 지층

지층이 비스듬하게 기울어져 있지?

수평인 지층

줄무늬가 보이고 얇은 층이 수평으로 쌓여 있어.

끊어진 지층

여기는 층이 끊어진 것이 보이지?

휘어진 지층

층이 구부러져 있네.

물이 운반한 자갈, 모래, 진흙 등이 쌓여.

자갈, 모래, 진흙 등이 계속 쌓이면 먼저 쌓인 것들이 눌리지.

오랜 시간이 지나면 단단한 지층이 만들어져.

엄청 오랜 시간이 지나 지각 변동으로 지층이 땅 위로 올라와. 그때 깎인 지층의 모습을 볼 수 있어.

면 그 안에 있는 건더기들이 위아래로 움직이는 것과 똑같아. 그것을 대류라고 해."

아이들은 이해가 될 듯 말 듯한 표정을 지었어요.

"맨틀이 움직이면 지각의 약한 부분은 갈라져. 또 어떤 경우에는 맨틀 윗부분 암석들이 서로 부딪치면서 땅 위로 솟아올라 산맥이 되는 거야. 맨틀의 대류 현상을 보고 지금의 대륙들이 하나였다고 주장한 사람이 있었어."

"한국, 미국, 영국, 아프리카, 호주 땅이 모두 하나였다고? 헐, 대박이다. 이렇게 단단한 땅이 어떻게 여러 개로 갈라졌다는 거야?"

한결이는 믿을 수 없다며 고개를 흔들었어요.

"베게너라는 독일 과학자는 우리가 사는 땅이 움직이는 맨틀 위에 떠 있다고 생각했어. 그렇게 하나였던 거대한 땅덩어리가 오랜 시간에 걸쳐 여러 조각으로 나뉘어졌다는 거야. 그 조각을 '판'이라고 해. 오랜 시간에 걸쳐 판들이 서로 다른 방향으로 움직이고 있어."

순간 한결이와 해리 앞에 유라시아(유럽+아시아), 북아메리카, 남아메리카, 아프리카, 인도, 오세아니아, 남극까지 일곱 대륙의 퍼즐 조각들이 눈앞에 펼쳐졌어요. 자랑이가 한결이와 해리에게 대륙 조각들의 경계선들을 맞추어 보라고 했어요.

"정말 비슷하게 맞네."

아이들은 자기들이 맞춘 대륙들이 한 덩어리가 되는 것을 보며 신기해했지요.

"서로 다른 방향으로 움직이면 판들끼리 부딪칠 수도 있잖아."

"서로 충돌할 수도 있고, 두 개로 갈라질 수도 있고, 판끼리 겹쳐질 수도 있어. 그에 따라 지각의 움직임도 여러 모습으로 나타날 수 있지."

"지구 속이 움직일 거라고는 생각도 못 했어. 지금도 움직이고 있다니, 지구가 꼭 살아 있는 것 같아."

해리의 말에 한결이는 깜짝 놀랐어요. 자기는 생각하지도 못한, 무척 멋진 말이었지요. 자랑이가 흐뭇한 미소를 지었어요.

"자, 여기서부터는 외핵이야."

"버스가 흔들리지 않아. 여긴 암석층이 아닌가?"

한결이가 창밖을 유심히 보았어요. 맨틀을 지날 때 보였던 암석들은 더 이상 보이지 않았지요. 버스는 맨틀을 지나쳤을 때보다 한결 부드럽게 외핵을 지나고 있었어요.

"외핵은 암석이 아니면 뭐야? 물인가?"

한결이는 이마를 유리창에 바짝 대고 밖을 뚫어지게 보았어요.

"액체는 맞지만 물은 아니야. 과학자들은 내핵과 외핵을 이루는 성분들이 비슷한 것이라고 생각해. 그런데 외핵은 같은 성분들의 금속이 녹은 액체이고, 내핵은 금속 고체일 거라고 하지."

"과학자들이 액체인지 고체인지 어떻게 알지? 우리처럼 이렇게 들어와서 본 것도 아니면서."

한결이가 믿어도 되느냐의 투로 말했어요.

"직접 들어와서 보지 않아도 알 수 있는 방법이 있지."

보지 않아도 알 수 있다니, 아이들은 그 방법이 무엇인지 너무 궁금했지요.

"과학자들은 지진 연구를 통해 맨틀이 고체로 되어 있다는 것을 알았어. 지진이 생길 때 크게 다른 종류의 지진 움직임이 나타나. 하나는 고체, 액체, 기체의 모든 것을 통과할 수 있는 P파, 다른 하나는 고체만 통과할 수 있는 S파."

"아, 그럼 외핵은 P파만 통과하겠네."

"이제 한결이가 제법이네."

한결이는 자랑이의 칭찬에 어깨가 으쓱였어요. 해리도 한결이가 대단하다고 했지요.

"통과하는 물질이 다를 때마다 지진파가 꺾이는 정도도 달라지게 돼. 그 때문에 지구 속이 어떤 물질들로 이뤄져 있는지 알 수 있게 된 거란다."

"지진이 그런 것도 알려 줘? 근데 외핵에는 우리가 놀란 만한 것은 없나 봐."

한결이의 말에 자랑이는 의미심장한 미소를 지었어요.

"진짜 엄청난 게 있지! 지구 생명 장치 중 하나가 이 외핵에 있어."

"뭐? 어디 어디?"

아이들은 창밖을 뚫어지게 바라보았지만 지구 생명 장치는 찾을 수가 없었어요.

밖이 깜깜하기도 했지만 지구 생명 장치란 게 도대체 어떻게 생긴 것인지 알아야 말이지요.

"자, 이걸 봐."

이번에는 아이들 앞에 나침반이 나타났어요. 북쪽을 가리키는 바늘이 위를, 남쪽을 가리키는 바늘이 아래를 가리켰어요. 나침반 방향을 아무리 돌려도 바늘은 빙그르르 돌더니 자기가 가리켜야 할 방향에서 멈추었지요.

"나침반이 방향을 알려 주는 것은 지구가 자석이기 때문이야."

"뭐? 지구가 자석?"

한결이의 일지

지구 자기장과 오로라

지구의 자기 마당(자석의 주위나 전류가 지나는 도선 주위에 생기는, 자기력이 작용하는 공간)은 막대자석에 생기는 자기 마당과 아주 비슷해. 지구 중심에 막대자석이 있다고 한다면, 그 N극이 남쪽을 향하고 S극이 북쪽을 향해. 그래서 지구 자기 마당의 자기력선은 남쪽에서 북쪽으로 뻗어 있지. 지구 자기장이 중요한 이유는 태양에서 날아오는 나쁜 빛(태양풍)들을 막아 주기 때문이야. 나쁜 빛이 지구에 많이 들어오면 사람들은 피부암에 걸릴 수도 있고 식물들은 잘 자라지 못해. 다시 말해서 지구 자기장은 지구를 지키는 보호막인 셈이야. 이렇게 지구 자기장으로 보호되는 곳을 '자기권'이라고 해.

그런데 자기권이 완전히 나쁜 빛을 막지는 못해. 자기권 안으로 나쁜 빛이 들어올 때 만들어지는 것이 오로라야. 그러니까 오로라는 지구 내에서 만들어진 것이 아니고 우주에서 만든 것을 지구에서 보는 거지.

46억 년의 비밀, 생명을 살리는 지구

"나침반의 붉은 바늘인 N극이 늘 북쪽을 가리키는 것은 지구의 북극이 S극을 띠기 때문이야. 지구는 커다란 자석과 같아서 언제나 북극은 S극, 남극은 N극이라는 자석의 성질을 띠고 있어."

"어떻게 해서 지구가 자석이 된 거야?"

한결이가 북쪽을 가리키는 나침반 바늘을 신기하다는 듯이 바라보며 물었어요.

"외핵은 금속 액체라고 했잖아. 주로 철이 녹아 있는 이곳은 전기를 만드는 발전기와도 같아. 그래서 지구가 자석처럼 N극, S극을 띠게 된 거야. 자석 주변에는 자기장이란 것이 생기는데, 바로 '지구 자기장'이 지구 생명 유지 장치 중 하나야."

한결이가 이해했다는 듯이 고개를 끄덕였어요.

"자기장? 그건 나도 아는데. 자석 주변에 철가루를 뿌려 놓으면 철가루가 N극과 S극으로 이어지는 줄무늬가 생기잖아."

자랑이가 잘 설명했다며 한결이를 칭찬했어요.

"그런데 왜 지구 자기장이 지구 생명 유지 장치라는 거야?"

이번에는 해리가 물었어요.

"태양에서 엄청난 양의 빛이 지구로 들어올 때에는 몸에 해로운 태양풍이란 것도 들어와. 그런데 지구 자기장이 태양풍을 거의 대부분 막아 주고 있어. 그래서 지구 생명체가 살 수 있는 거야."

한결이는 지구 자기장이 '짱'이라며 엄지를 추켜세웠어요.

"이제 조금만 더 가면 지구의 중심인 내핵에 도착할 거야."

버스가 다시 심하게 흔들리기 시작했어요.

"암석층! 여긴 다시 암석층이구나!"

한결이가 외쳤어요. 자랑이가 이제는 제법이라며 웃었지요.

"여긴 외핵과 같은 금속 고체로 되어 있어. 과학자들은 핵이 처음 만들어졌을 때는 액체였을 거라고 해. 그런데 핵이 식어 가면서 고체의

철이 나오고 무거운 철이 중심으로 가라앉아서 내핵이 되었다고 하지."

그때 덜컹거리던 버스가 멈췄어요.

"이제 지구 중심에 왔어. 축하한다. 너희는 지구 중심에 온 최초의 지구 어린이야."

지구의 중심은 아주 깜깜하고 고요했지요. 아이들은 지구 중심에 있다는 사실이 믿기지 않았어요. 지구 중심이라면 엄청 깊은 곳까지 내려온 건데 전혀 무섭거나 두렵다는 생각은 들지 않았지요. 마치 엄마 아빠의 품에 안겼을 때마냥 편안하고 따뜻했지요.

"자, 이제 나가 볼까?"

자랑이의 말에 아이들은 크게 고개를 끄덕였어요. 자랑이가 무슨 요술을 부렸는지 눈 깜짝할 사이에 자랑이는 한결이 방에 도착했어요. 버스로 변했던 자랑이의 몸에서 내리자 아이들과 자랑이는 원래 모습으로 변했지요.

"아마, 아무도 믿지 않을 거야."

"나도 죽을 때까지 잊지 못할 거야. 공룡 뼈, 마그마, 외핵, 내핵까지! 고마워, 자랑아."

한결이도 고맙다고 인사를 했지요. 아이들은 좀처럼 잠을 이룰 수가 없었어요. 몸이 여전히 공중에 둥실둥실 떠 있는 것 같았어요. 오늘 밤 자기들이 경험했던 일들을 누군가에게 꼭 말하고 싶었지요.

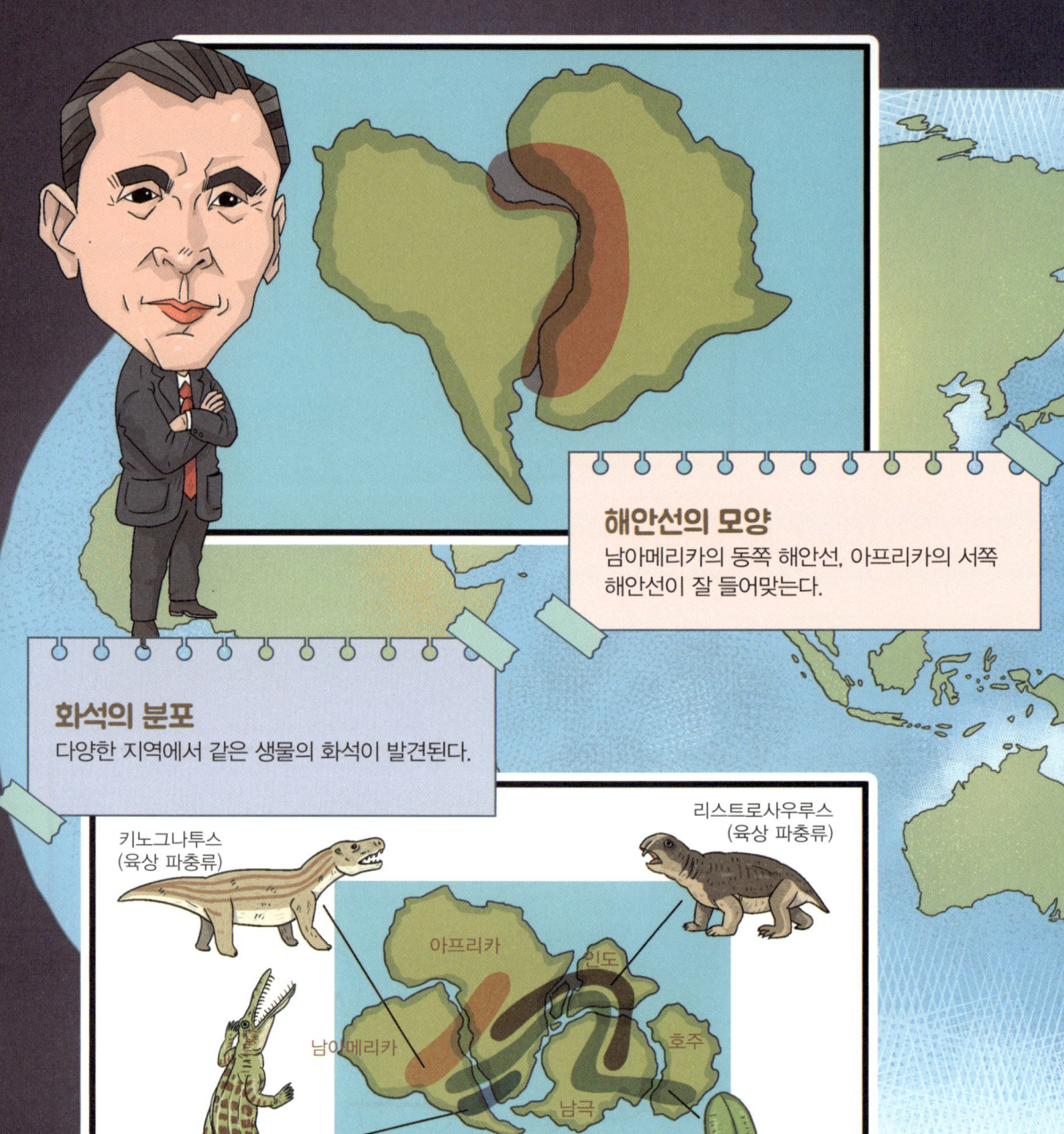

지질 구조의 연속성
대서양을 사이에 둔 양쪽 대륙에서 나타나는 지질 구조가 연속적이고, 같은 지층이 분포되어 있으며, 같은 암석이 발견된다.

빙하의 흔적
인도와 호주 등 적도 부근의 지역에서도 빙하의 흔적이 나타난다.

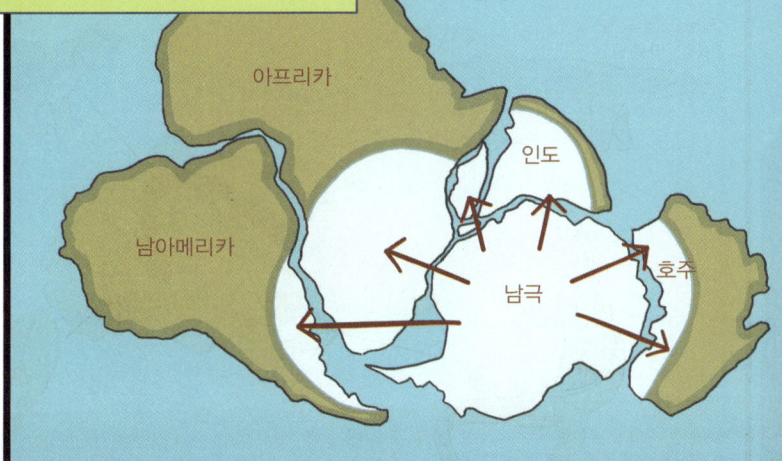

광물과 관련된 직업에는 어떠한 것들이 있을까?

사람들은 오래전부터 의식주를 해결하기 위해 필요한 도구들을 만들어 사용해 왔습니다. 그래서 도구를 만드는 데 사용한 재료의 이름으로 인류의 발달 과정을 구분하지요. 주변에서 흔히 볼 수 있는 암석을 갈고 다듬어 사용했던 석기 시대, 암석 속 광물 가운데 구리와 주석을 함께 녹여 만들어 사용했던 청동기 시대, 암석 속 광물의 철을 녹이고 다른 물질을 첨가하여 더욱 단단하게 만들어 사용했던 철기 시대는 모두 암석 속에 있는 광물을 활용하여 생활에 필요한 도구들을 만들었다고 할 수 있습니다.

기술 문명이 발달한 오늘날, 사람들은 편리한 생활을 위해 많은 도구들을 사용하고 있어요. 쾌적한 주거 환경을 위해 냉·난방 기기를 사용하고, 안전한 먹을거리를 위해 냉장고를 사용하며, 건강을 위해 계절에 맞는 옷을 입어요. 기술 문명이 발달하면서 사람들이 사용하는 도구는 셀 수 없을 정도로 많아졌습니다. 이들 도구들의 형태는 깨뜨리거나 두드려 만드는 도끼나 칼에서, 녹이고 재조합해 만드는 컴퓨터나 스마트폰과 같이 많이 달라졌지만 도구를 구성하는 재료는 여전히 돌이나 암석이라 부르는 광물이에요.

광물은 사람들에게 가기 전에 많은 사람들의 손을 거치는데, 이런 일을 직업으로 하는 사람들이 있어요. 지각의 암석에 들어 있는 광물은 어떤 사람들의 손을 거쳐 우리 생활에 이용되고 있을까요? 몇 사람의 말을 들어 볼까요?

우리가 사용하는 휴대 전화에는 다양한 광물이 포함되어 있어요. 이러한 광물이 휴대 전화에 이용되기까지 어떤 직업들이 관련되어 있는지 생각해 봅시다.

그림 그리기

나침반의 붉은 바늘인 N극이 늘 북쪽을 가리키는 것은 지구의 북극이 S극을 띠기 때문이에요. 지구는 커다란 자석과 같아서 언제나 북극은 S극, 남극은 N극이라는 자석의 성질을 띠고 있어요.
만약 북극의 위치가 다음과 같다면 나침반의 바늘 방향은 어떻게 달라질지 그려 보세요.

2장

도대체 지구에서 무슨 일이 있었던 것일까?

만약 물이 없었다면

한결이는 과학 퀴즈를 보자마자 얼른 답을 썼어요.

'기체, 액체, 고체, 물.' 이제 지구에 관한 문제라면 식은 죽 먹기였지요.

과학 시간마다 정확한 답을 가장 먼저 말하는 한결이를 보고 아이들은 쑥덕거렸어요.

"이상해. 요즘 한결이가 과학을 너무 잘하지 않냐?"

"내 정보에 의하면 한결이가 집에서 특급 과외를 한다는 거야."

아이들은 특급 과외 선생님이 누구인지 정말 궁금했어요. 대찬이가 한결이를 째려보았어요.

과학은 늘 자기가 1등이었는데 어느 순간부터 그 자리를 빼앗겼다는 생각을 하자 속이 부글부글 끓었어요.

오늘은 한결이가 '물'에 관해 발표를 하는 날이에요. 한결이는 자랑이한테 배운 것을 외우고 또 외웠어요. 항상 잘난 척하는 대찬이 코를 납작하게 해 주고 싶었거든요.

"물은 지구 생명 유지 장치예요."

아이들은 어리둥절했어요. '지구 생명 유지 장치'라니요? 처음 듣는

말이었지요.

"최초의 생명체는 바다에서 만들어졌다고 해요. 만약 지구에 물이 없었다면 지구에는 어떤 생명체도 살지 못했을 거예요. 이런 물이 지구에 어떻게 생겨났을까요?"

한결이의 물음에 아이들은 갸우뚱거렸어요.

"지구에 있는 물은 처음부터 액체가 아니었다고 해요."

액체가 아니란 말에 여기저기서 웅성거렸어요. 물이 액체가 아니었다면, 도대체 물은 어떤 모양이었을까요?

"지구가 생기는 과정에서 지구는 핵폭탄보다 무서운 소행성과 부딪혔어요. 소행성은 태양을 도는 빛이 나지 않는 작은 별로, 지구보다 작아요. 핵폭탄이 터지면 그 주변에 있는 것들을 다 녹이는데, 소행성과 지구가 부딪혔을 때 땅 위에 있던 암석들이 대부분 녹았어요."

"모든 것이 녹았는데 어떻게 물이 생겼다는 거지?"

대찬이가 불쑥 말했어요. 아이들도 한결이 말이 이상하다고 생각했지요. 한결이는 아이들 반응에 아랑곳하지 않고 발표를 계속 이어갔어요.

"암석이 녹을 때 암석 안에 있던 물기는 수증기가 되어 이산화탄소와 함께 지구 위를 가득 메웠어요. 그렇게 해서 '대기'가 생긴 거예요."

"대기랑 물이랑 무슨 상관이 있다고."

숨쉬는 바위

한결이의 일지

스트로마톨라이트의 형성 과정

1. 햇빛이 비치면 남조류는 광합성을 시작하여 산소를 만들어 내보낸다.

2. 해가 지면 활동을 멈춘 남조류는 밀려온 모래 등을 붙잡아 매어둔다.

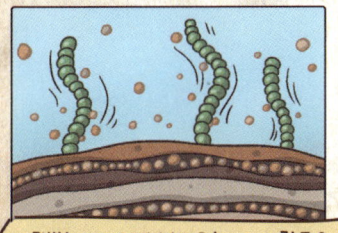
3. 햇빛이 비치면 남조류는 다시 활동을 시작하여 매일 같은 일을 반복하며 성장한다.

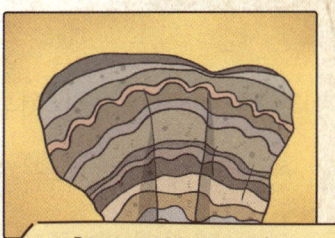
4. 수천 년의 시간이 지나면 버섯모양의 바위가 된다.

그림의 바위는 '스트로마톨라이트'야. 스트로마톨라이트는 선캄브리아 시대를 대표하는 아주 귀한 화석이야. 바위 표면에 어두운 자국이 보이지? 그것이 광합성을 하는 최초의 생명체인 '시아노박테리아'라는 세균이야. 남세균이라고 하는 이 세균은 광합성을 하면서 최초로 산소를 만들어 냈어. 시아노박테리아는 바다나 호수 등의 바닥에 쌓이면서 굳어진 바위야. 바위가 된 시아노박테리아는 계속 광합성을 하면서 자라나지. 그냥 바위 같다고? 앞으로 바닷가로 여행을 가면 바다 얕은 곳에 있는 바위들을 잘 살펴봐. 혹시 알아? 스트로마톨라이트 화석을 발견하게 될지도 모른다고.

스트로마톨라이트

물속 바위에서 공기방울이 나오네? 혹시 바위가 숨을 쉬나?

대찬이의 비아냥이 들려왔지만 한결이는 설명을 멈추지 않았어요.

"소행성 충돌이 멈추자, 아주 뜨거웠던 지구는 조금씩 식었어요. 그리고 대기 중에 가득 찬 수증기들이 구름을 만들고 비가 내리기 시작했지요. 한동안 비는 많이 내렸고 비는 낮은 곳으로 모여 바다가 되었어요."

아이들의 눈빛이 초롱초롱 빛났어요. 처음에는 믿기지 않던 이야기가 점점 그럴 듯하게 들렸지요.

"바다는 지구 표면의 10분의 7을 차지하고 있어요. 만약 이렇게 많은 양의 바다가 줄어든다면 지구에는 어떤 일이 일어날까요?"

아이들은 바다 양이 많으니까 조금은 줄어도 된다고 대답했어요. 바다가 줄어든 만큼 땅이 생기는 것이니 더 좋을 수도 있다고 했죠.

"우리 몸은 36.5℃로 일정한 체온을 유지하고 있어요. 그것은 몸 안에 있는 물 때문이에요. 물은 쉽게 데워지거나 잘 식지 않아요. 그렇기 때문에 물이 우리 몸의 온도를 유지해 주는 것처럼 바닷물도 지구의 온도를 평균 15℃ 정도로 유지하고 있어요."

"그런데 바다 크기랑 지구 온도랑 무슨 관계가 있어?"

한 아이가 물었어요.

"바닷물은 고여 있는 것이 아니라 항상 움직이고 있어요. 그것을 해류라고 해요. 모든 바다는 이어져 있기 때문에 해류가 막히지 않고 흐르는 거예요. 주위보다 따뜻한 바닷물은 열기를 추운 지역으로 보내요. 또 차가운 바닷물은 따뜻한 지역으로 흘러서 더운 지역을 선선하게 만들어요."

아이들은 한결이의 이야기를 아주 열심히 들었어요.

"그런데 만약 바다의 크기가 지금보다 작다면, 해류가 이동시키는 열이 줄어들고 그로 인해 생명이 살기 적합한 온도를 가진 지역도 줄어든대요."

"아~, 땅이 있다고 무조건 동물이나 식물이 사는 것은 아니구나. 바닷물, 정말 신기하네."

한 아이의 말에 한결이가 씩 웃었어요. 한결이는 신이 나서 더욱 큰 소리로 이야기를 했어요.

"아까도 말했지만 지구 표면의 70%는 바다가 차지하고 있어요. 그런데 이상하지 않나요? 바닷물이 이렇게나 많은데 왜 물이 부족하다는 얘기가 나오는 것일까요?"

"바닷물은 짜서 마실 수가 없잖아."

대찬이가 한마디 했지요.

"맞습니다. 우리가 마실 수 있는 물은 강, 호수, 지하수 등이에요. 그런 물들은 전체 물 중에 3%밖에 안 돼요. 그래서 가뭄이 심해지면 마실 수 있는 물이 말라 물이 부족한 거예요. 물론 바닷물도 먹을 수는 있

물의 순환과 다양한 모양

바다, 식물 속 물 → 증발하여 구름이 됨 → 구름이 비나 얼음으로 땅으로 내림 → 시냇물이나 강 → 바다

이처럼 물은 상태가 변하면서 육지, 바다, 공기 중, 생명체 등 여러 곳을 끊임없이 돌고 돌아. 물이 순환해도 지구 전체 물의 양은 변하지 않아.

한결이의 일지

한편, 우주에서 지구를 바라볼 때 지구는 푸른색을 띠고 있어. 지구 표면에 있는 물 때문에 푸른색으로 보이는 거지. 물은 지구와 같은 온도의 자연 상태에서 고체, 액체, 기체의 모든 상태로 바다, 육지, 대기에서 다양한 형태로 존재해. 즉, 극지방에서는 빙하로, 육지에서는 하천이나 호수, 지하수로, 대기에서는 수증기나 눈, 얼음 등의 형태로 존재하는 거야.

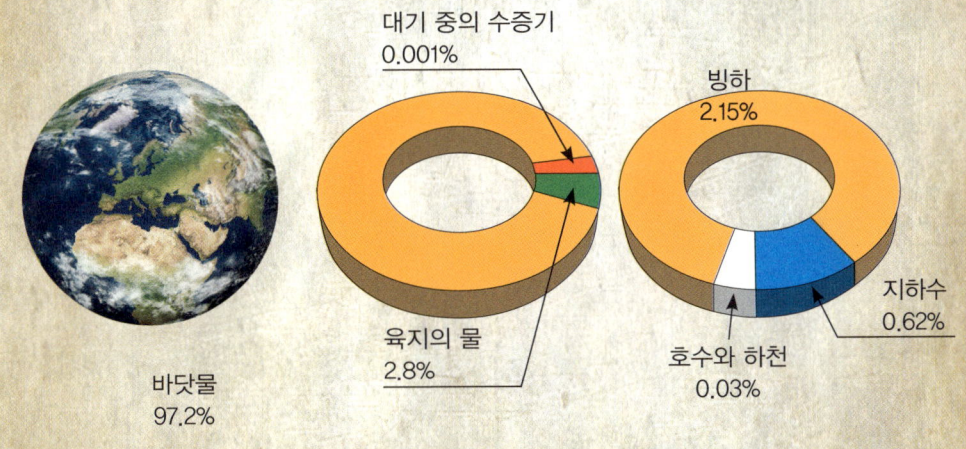

바닷물 97.2%
대기 중의 수증기 0.001%
육지의 물 2.8%
빙하 2.15%
호수와 하천 0.03%
지하수 0.62%

지구상의 물은 약 97.2%가 바닷물이고, 빙하로 얼어붙어 있는 물이 약 2.15%이며, 우리가 일상생활에서 사용하는 물은 호수와 하천, 지하수로 전체의 약 0.65% 정도야. 대기도 수증기나 구름, 눈의 형태로 물을 포함하고 있어. 대기는 지구 전체 물의 약 0.001%로, 육지나 바다에 비해 매우 적은 양의 물을 갖고 있지만 만만히 볼 게 아니야. 대기 중 물의 한 형태인 구름은 태양의 빛을 반사하여 지구 표면이 너무 뜨거워지는 것을 막는 역할을 해. 그리고 지구에서 빠져나가는 열에너지를 흡수하여 도로 돌려 보내기 때문에 온도가 갑작스레 떨어지는 것을 막아 주는 역할도 해. 무척 중요한 역할 아니야? 만약 구름이 없다면 지구에 사는 모든 것들이 타 버릴 거야.

어요. 하지만 그것을 마실 수 있는 물로 만들려면 많은 시간과 노력이 필요하대요."

아이들의 밝은 표정을 보자 한결이는 자기가 발표를 잘했다는 생각이 들었어요.

"왜 '물'을 지구 생명 유지 장치라고 하는지 알겠지요? 생명체를 탄생시키고 우리를 살 수 있게 해 주는 물의 고마움을 생각하며 아껴 쓰는 습관을 길러야겠습니다. 이상으로 발표를 마치겠습니다."

한결이의 일지

물을 마시지 않고 얼마나 버틸 수 있을까?

인체의 물
70%~90%

1%~2%
부족 시 심한 갈증

5%
부족 시 혼수상태

12%
부족 시 사망

> 인체 물 부족 1~2%: 심한 갈증을 느껴요.
> 인체 물 부족 5%: 정신을 차릴 수 없는 혼수상태에 빠져요.
> 인체 물 부족 12%: 목숨이 위태로워요.

물은 우리 몸의 70%를 차지하며 혈장의 90% 이상을 차지할 정도로 중요한 역할을 해. 그렇기 때문에 몸속의 물이 조금만 없어도 갈증을 느끼게 되고 탈수증을 겪다가 심하면 생명을 잃게 되지.
우리는 하루 약 2ℓ(8컵) 정도의 물을 마셔야 한다고 해. 다만 이 수치는 우리가 섭취하는 음식물 속의 수분까지 포함한 양이라 직접 8컵의 물을 마실 필요는 없어.

한결이가 인사를 하자 박수가 터져 나왔어요. 모두 한결이가 대단하다고 입을 모아 말했지요. 단 한 사람만 빼고요. 대찬이는 한결이가 박수를 받는 상황이 너무 마음에 들지 않았어요.

선생님도 환하게 웃으시며 발표를 아주 잘했다고 칭찬하셨어요. 한결이는 대찬이를 보며 어깨를 으쓱였어요.

어떤 아이들은 한결이의 발표가 수업보다 더 재미있었다고 했어요. 지나가는 아이들마다 한결이에게 '짱'이었다며 엄지를 추켜세웠지요.

만약 대기가 없었다면

어제 과학 발표가 끝난 이후부터 아이들은 한결이를 '물 박사'라고 불렀어요. 한결이는 하늘을 붕 날아오를 것처럼 기분이 좋았지요. 마지막 수업인 체육에서도 대찬이 팀을 이길 수 있을 것 같았어요.

 오늘같이 체육하는 날에는 선크림을 발랐어야 하는데. 오늘 자외선 지수 장난 아니다.

한결이는 화들짝 놀랐어요. 구슬 속에 있어야 할 자랑이 목소리가 들렸거든요. 한결이는 얼른 주머니 속에서 구슬을 꺼냈어요. 그리고 구슬에 입을 대고 조용히 하라고 속삭였어요.

🦁 괜찮아. 너밖에 듣지 못하니까. 그나저나 자외선 무시하다가 큰일난다. 오존층이 옛날과 같지 않다고. 오존층에 구멍이 난 것은 알고 있지?

한결이가 그 정도는 자신도 잘 안다고 했어요. 그리고 하늘을 올려다봤어요.

"오존층은 여기서 보이지 않지?"

🦁 당연히 안 보이지. 오존층은 성층권에 있는 걸?

한결이는 성층권이 무엇인지 궁금했어요.

🦁 땅에서 약 1000km 높이까지를 대기권이라고 해. 땅에서 올라갈수록 공기의 양도 줄고 기온도 확 떨어져.

"기온이 떨어져? 하늘로 올라갈수록 태양하고 가까워지는 거 아닌가? 그럼 공기가 더 뜨거워야 하잖아."

한결이는 높이 올라갈수록 추워진다는 말이 이해가 잘 안 됐어요.

🦁 그렇지 않아. 태양에서 날아오는 빛은 일단 땅 표면에 흡수되었다가 다시 우주로 나가. 그게 기온인데 위로 올라갈수록 열이 적어져. 대기권을 기온 변화에 따라서 대류권, 성층권, 중간권, 열권으로 나눠.

한결이는 구름이 있는 곳을 손가락으로 가리키면서 물었어요.

"저기 구름이 있는 곳은 어디야?"

🦁 대류권이야. 그곳은 공기층이 불안정해서 대류 현상이 일어나. 구름, 비, 눈 등의 기상 현상이 일어나는 곳이지.

대기권의 구조와 특징

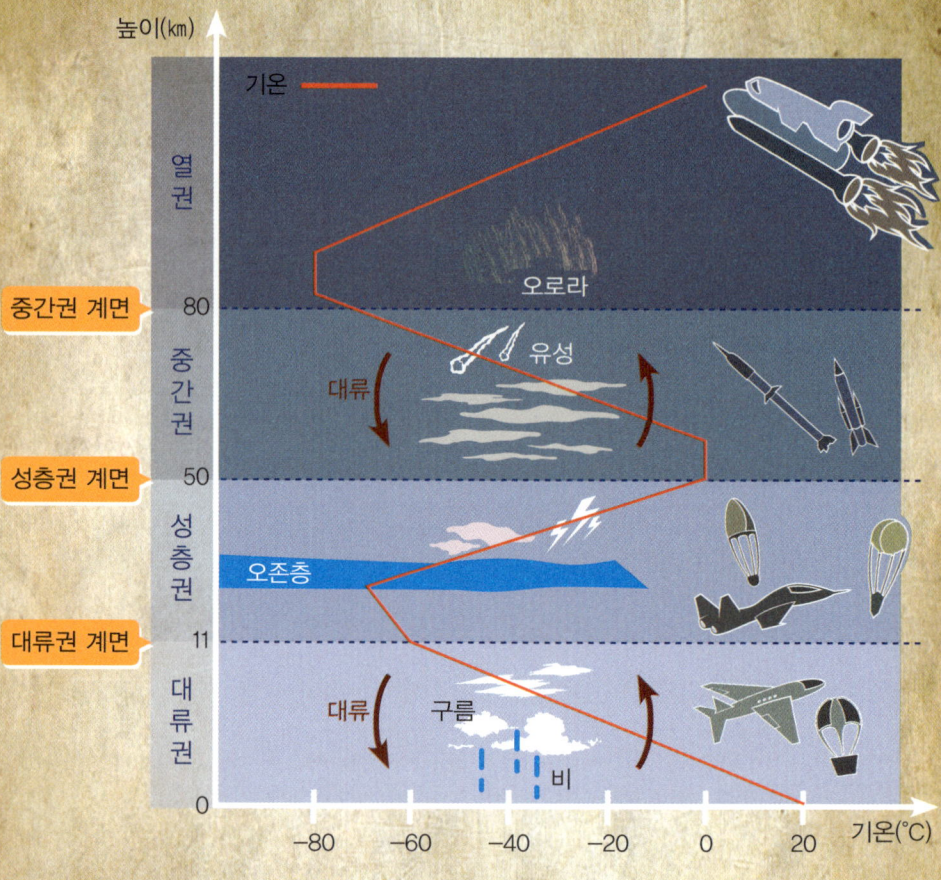

열권 약 80~1,000km	· 태양 에너지에 의해서 직접 가열되어 기온이 높아짐. · 공기라고 부를 수 있는 것들이 없어서 하루의 기온차가 매우 큼.
중간권 약 50~80km	· 대기권 중에서 기온이 가장 낮은 중간권 계면이 위치함. · 수증기가 없어서 기상 현상은 일어나지 않음. · 유성(별똥별)이 나타나는 대기권임.
성층권 약 10~50km	· 자외선을 흡수하는 오존층이 존재함. · 높이가 높아질수록 기온이 올라감.
대류권 지표면~약 10km	· 우리가 사는 곳 · 높이 올라갈수록 지구 복사 에너지가 적게 도달하여 기온이 낮아짐. · 대류권 아래에는 따뜻한 공기가, 위에는 차가운 공기가 있음(대류 현상).

"대류 현상? 그건 또 내가 알지. 차가운 공기가 무거워서 내려오고 따뜻한 공기는 가벼워서 올라가는 운동이지. 맨틀 속에서도 대류 현상이 있어서 판이 움직이는 거라고 했잖아."

🦁 우와~ 한결아. 네가 그 정도로 내 말을 열심히 들은 줄은 몰랐다. 대단하다!

한결이는 어깨를 으쓱였어요. 사실 한결이도 대류 현상이 기억날 줄은 몰랐거든요.

🦁 맞아. 공기 대류로 수증기가 모여서 구름이 되고 구름은 또 눈이나 비가 되어 내리고.

"대류권 위는?"

🦁 바로 오존층이 있는 성층권이야. 오존층은 대류권과 성층권의 경계선에서 자외선을 막는 보호막 역할을 해. 오존층은 굉장히 얇아. 성층권은 대기가 안정되어서 항공기가 다니는 길이기도 해. 비행기가 구름 위로 나는 거 알지?

"아~ 거기가 성층권이었구나. 비행기 아래로 구름이 쫙 깔린 걸 본 적 있거든."

🦁 성층권 위는 중간권인데 대기권 중에서 가장 온도가 낮아. 대류 현상이 없어서 기상 현상도 없어. 그리고 마지막이 열권. 공기가 거의 없고 낮과 밤의 온도차가 크지. 오로라 현상이 나타나는 곳이기도 해.

"그런데 지구가 탄생했을 때부터 공기가 있었어?"

🦁 아니지. 산소는 식물이 이산화탄소를 마시고 산소를 내뱉는 광합성 작용을

해야 나오는 기체야.

"어떻게 지구에 식물이 있었어? 우주에서 씨앗이 날아온 건가?

자랑이가 까르륵 웃었어요.

🦁 우주에서 씨앗이 어떻게 날아오냐? 최초의 생명체는 바다에서 생겼다고 했잖아. 그게 바로 원시 세균인데. 바닷속에는 엄청난 양의 영양분이 있었어.

"원시 세균이 바닷속에서 영양분을 먹고 자란 거야?"

🦁 그렇지. 그리고 바닷속으로 들어온 햇빛을 받으며 그 세균들이 산소를 만들기 시작한 거야. 활발한 광합성 작용으로 대기에 산소가 늘기 시작했어.

"그래서 육지에 산소가 많아지니까 바닷속 생물들이 바다 밖으로 나올 수 있었구나. 그런데 오존이랑 산소랑 무슨 관계야?"

🦁 산소 원자 2개가 모이면 우리가 말하는 산소가 되고, 3개가 모이면 푸른빛의 오존이 돼. 그러니까 오존은 산소의 형제인 셈이지.

"아, 자기장, 물 다음의 지구 생명 유지 장치는 바로 공기, 산소구나!"

자랑이는 한결이를 보고 환하게 웃으며 고개를 끄덕였어요.

"뭐야? 뭐가 지구 생명 유지 장치라는 거야? 너, 누구랑 말하냐?"

한결이 어깨 너머로 불쑥 대찬이 목소리가 났어요. 한결이는 깜짝 놀라 하마터면 구슬을 놓칠 뻔했지요. 구슬을 얼른 주머니에 넣고 아무것도 아니라며 입을 꾹 다물었어요.

한결이의 일지

오존층 구멍을 막아라!

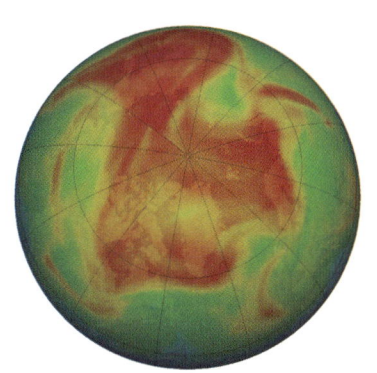
2019년 3월
주황색과 노란색: 오존층이 두꺼움

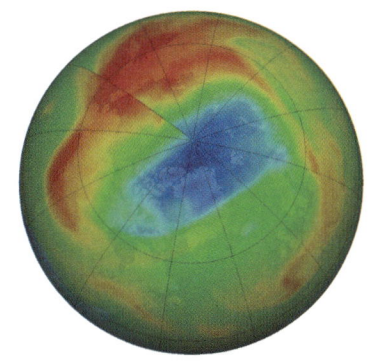
2020년 3월
파란색과 보라색: 오존층이 얇음

자료: 미국 항공 우주국

오존에도 착한 오존과 나쁜 오존이 있다는 거 알아? 오존은 우리 몸에 좋지 않아. 오존은 냄새도 나고 들이마시면 기침이 나거나 머리도 아프지. 심한 경우에는 숨 쉬기도 힘들어. 그리고 농작물에도 피해를 줘. 하지만 성층권에 있는 오존은 우리를 자외선으로부터 보호해 주고 있어. 그곳의 오존이 줄어들면 자외선이 많이 들어오겠지?

오존이 파괴되는 이유에는 여러 가지가 있어. 기후가 변하거나 자동차에서 나오는 가스, 에어컨이나 냉장고 등에 들어 있는 프레온 가스는 오존을 파괴해. 기후 변화로 생기는 오존 파괴는 우리가 막기 힘들겠지만 사람에 의해 파괴되는 오존은 우리가 노력한다면 어느 정도 막을 수 있지 않을까?

1989년 1월부터 '몬트리올 의정서' 협약을 통해 세계인들이 힘을 합쳐 오존 구멍이 더 이상 커지지 않게 노력하고 있어. 노력의 결과로 오존 구멍이 잠깐 줄어들기도 했지만 최근 다시 역대 최악의 크기로 구멍이 뚫렸다가 닫혔는데 원인은 중국이 몰래 배출한 프레온 가스 때문이었지. 결국 환경 보호를 위한 노력은 잠시도 멈추면 안 된다는 얘기야.

"분명 이야기를 하고 있었는데?"

한결이는 대답을 얼버무리며 선생님과 아이들이 모인 곳으로 달려갔어요. 대찬이는 한결이의 수상쩍은 태도에 한결이가 누구와 말하고 있었는지 더욱 궁금해졌지요.

수업을 마치고 청소까지 끝난 다음에 한결이는 구슬이 잘 있는지 주머니에 손을 넣었어요. 그런데 구슬이 없지 않겠어요? 한결이는 교실과 운동장 구석구석을 찾았지만 어디에도 구슬은 보이지 않았어요. 하늘이 무너지는 것만 같았어요.

교실로 터덜터덜 돌아오는데 복도에서 대찬이와 몇몇 아이들의 목소리가 들렸어요.

"내가 진짜 보고 들었다니까. 한결이가 이 구슬을 보고 말을 하고 있었다고."

"그냥 보통 유리구슬이잖아."

"아냐. 보통 구슬일 리 없어. 이 안에 무슨 비밀이 있을 거야."

"뭐? 구슬? 파랗고 동물무늬가 있는? 그 구슬 내 거야!"

한결이가 대찬이에게 달려들었어요. 구슬을 뺏으려는 한결이와 빼앗기지 않으려는 대찬이 사이에서 몸싸움이 났어요. 대찬이는 구슬 쥔 손을 높이 들어 빼앗기지 않으려고 안간힘을 썼지만 한결이 힘에 밀려 그만 구슬이 손에서 미끄러지고 말았어요. 창밖으로 날아간 구슬은 쓰레

기장으로 떨어졌어요.

"안 돼! 깨졌으면 가만 두지 않을 거야!"

한결이가 대찬이를 매섭게 쏘아보았어요. 낮게 깔린 한결이의 목소리는 아주 무서웠지요. 한결이와 몇몇 아이들이 구슬을 찾으러 쓰레기장으로 향했어요. 아이들은 손과 옷이 더러워지는 것도 모르고 쓰레기장을 마구 뒤졌지요.

"한결아, 혹시 이거니?"

한 아이가 구슬을 한결이에게 보였어요. 아, 그런데 어쩌면 좋을까요? 구슬에 금이 가 있지 않겠어요! 구슬에 금이 가 있는 것을 본 한결이 눈에서는 눈물이 금방이라도 쏟아질 것 같았지요. 한결이는 구슬을 조심스레 쥔 채 교실로 돌아갔어요. 교실에 들어서자 어쩔 줄 몰라 하는 대찬이의 모습이 보였어요.

"아니, 내가 일부러 떨어뜨린 게 아니잖아. 그러게 왜 밀어. 네가 밀어서 떨어진 거라고."

대찬이는 사과 대신 모든 걸 한결이 탓으로 돌렸어요.

화난 한결이는 씩씩거리며 대찬이 앞에 다가섰어요. 그때 누군가 크게 외쳤어요.

"얘들아, 잠깐만. 지금 이럴 때가 아니야. 너희들 뭔가 못 느꼈어?"

"뭐지? 뭐지? 몸이 흔들린 것 같은데?"

그러자 다른 아이들도 잠깐이었지만 자신의 몸이 흔들렸다고 말했어요.

"빨리, 책상 밑으로 들어가자!"

"얼른 피해야 해."

누군가의 말에 아이들은 너나 할 것 없이 후다닥 책상 밑에 웅크리고 앉았어요.

육지와 해저에서 일어나는 지진과 화산

"설마 이거 지진이야?"

한 아이가 떨리는 목소리로 말했어요. 책장이 왼쪽 오른쪽으로 살짝살짝 흔들렸어요. 그러더니 똑바로 세워져 있던 책들이 미끄러져 옆으로 주르륵 쓰러졌지요.

"지진이 심해지기 전에 빨리 집으로 가는 게 좋지 않을까?"

한결이 짝꿍이 벌벌 떨며 책상 밑에서 나가려고 하자 한결이가 덥석 아이의 팔을 잡았어요.

"그러면 더 위험하다고 했잖아. 괜찮아질 때까지 기다리자."

아이들은 휴대 전화로 진짜 지진이 일어난 것인지 뉴스를 찾았어요. 하지만 어찌된 일인지 모든 아이들의 휴대 전화가 작동되지 않았어요.

또다시 교실 바닥이 흔들리는 것을 느꼈어요. 한결이는 손바닥에 있는 구슬을 보았어요. 그런데 어찌된 일일까요? 동물무늬가 사라졌지 뭐에요! 한결이는 두 눈을 비비고 다시 구슬을 꼼꼼하게 살펴봤어요.

"혹시 이 구슬에 동물무늬가 보이니?"

한결이가 짝에게 구슬을 내밀었어요. 짝도 동물무늬는 보이지 않는다고 했지요. 그때 어떤 아이가 떨리는 목소리로 아이들을 불렀어요.

"얘들아, 얘들아. 앞 좀 봐!"

2장 도대체 지구에서 무슨 일이 있었던 것일까?

캬~악! 엄마야! 어떤 아이는 비명을 지르고 다른 아이는 훌쩍거리며 울었어요. 한결이도 너무 놀랐지요. 교실에 자랑이가 나타난 거예요! 그런데 평소의 귀엽고 깜찍한 모습이 아니라 곰처럼 크고 사자와 호랑이를 반반씩 섞어 놓은 모습이었어요. 온몸에 줄무늬가 있고 사자처럼 갈기도 있었지요. 아주 뾰족한 송곳니를 드러낸 무서운 자랑이의 모습은 처음이었어요.

"크앙~ 어흥~ 크르릉~ 누가 감히 나를 쓰레기장에 버렸지?"

자랑이의 목소리는 교실을 쩌렁쩌렁 울렸어요. 아이들은 자랑이의

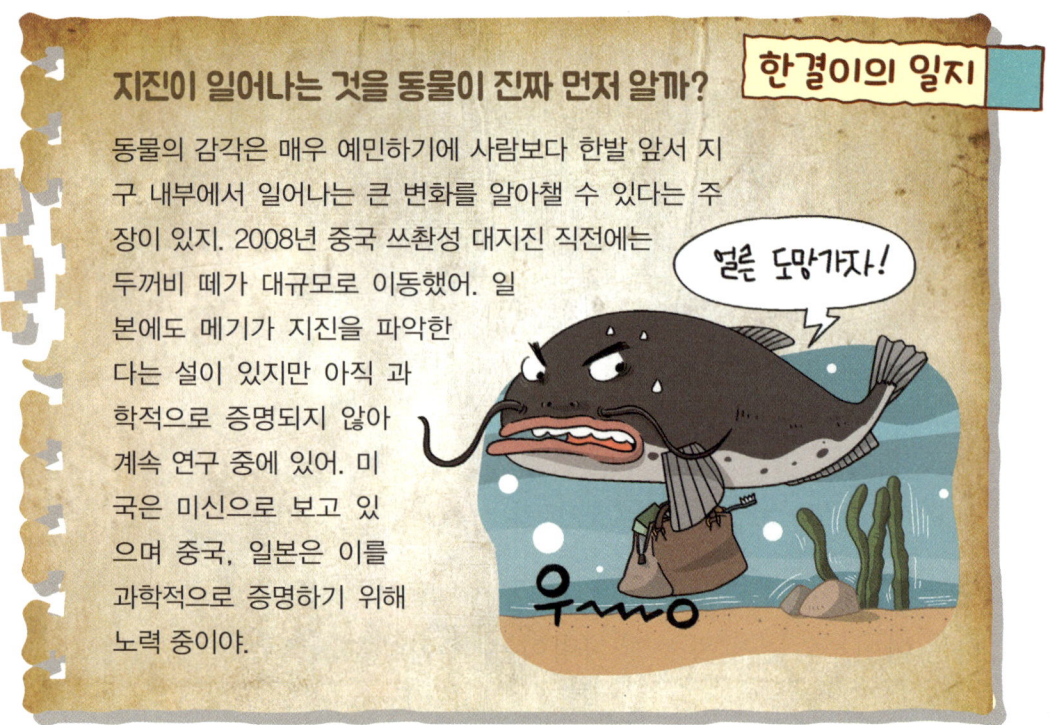

한결이의 일지

지진이 일어나는 것을 동물이 진짜 먼저 알까?

동물의 감각은 매우 예민하기에 사람보다 한발 앞서 지구 내부에서 일어나는 큰 변화를 알아챌 수 있다는 주장이 있지. 2008년 중국 쓰촨성 대지진 직전에는 두꺼비 떼가 대규모로 이동했어. 일본에도 메기가 지진을 파악한다는 설이 있지만 아직 과학적으로 증명되지 않아 계속 연구 중에 있어. 미국은 미신으로 보고 있으며 중국, 일본은 이를 과학적으로 증명하기 위해 노력 중이야.

큰 목소리에도 놀랐지만 사람 말을 한다는 사실에 눈이 커졌어요. 대찬이는 한껏 몸을 웅크리고 바들바들 떨었어요. 아이들은 대찬이와 한결이를 번갈아 보며 어서 자랑이에게 사과하라고 다그쳤지요.

"그건 내 실수였어. 정말 미안해, 자랑아. 일부러 그런 것은 진짜 아니야. 혹시 네가 화가 나서 지진이 나게 했다면 멈춰 줄래?"

한결이가 울기 직전의 대찬이를 보다가 먼저 입을 열었어요. 아이들은 신기한 동물과 이야기를 나누는 한결이를 놀라서 보았어요. 한결이는 자랑이를 아이들에게 소개했어요. 그러고는 구슬을 보여 주며 구슬의 주인이자 자기 친구라고 했어요.

"실수든 일부러 그랬든 너희들 때문에 내 집에는 금이 갔어. 한 번 망가진 것은 똑같은 것을 사지 않는 이상 다시 되돌릴 수 없어. 그런데 어쩌지? 내 집은 이 세상에 단 하나밖에 없는데."

한 아이가 구슬이 더 이상 깨지지 않도록 투명 테이프를 붙여 주겠다고 했어요. 그리고 어떤 아이는 구슬을 보호할 수 있는 상자를 만들어 주겠다고 했어요. 그러니 한결이와 대찬이를 용서해 달라고 했어요. 모두 간절한 눈빛으로 자랑이를 보았어요.

한껏 올라갔던 자랑이의 눈썹이 서서히 내려왔어요. 무서웠던 송곳니도 천천히 들어갔지요. 으르렁거리던 목소리도 멈췄어요. 용서를 구하는 아이들의 눈빛을 보니 자랑이는 더 이상 화를 낼 수가 없었지요.

더 이상 교실 바닥은 흔들리지 않았어요. 아이들은 서로 눈치를 보면서 책상 밑에서 천천히 나왔어요.

"그러고 보니 우리나라도 요즘 지진이 자주 일어난다던데 지진은 왜 일어날까?"

한결이가 걱정스레 말하였어요. 그때 아이들 앞에 여러 장의 스티로폼이 둥둥 떠다녔어요. 이번에도 자랑이의 신기한 능력이었죠.

"스티로폼 양끝을 두 손으로 잡고 스티로폼 가운데가 볼록 튀어나오

게 휘도록 힘을 서서히 줘 봐. 그리고 손의 떨림을 잘 느껴 봐."

아이들은 자랑이가 시키는 대로 스티로폼에 조심스레 힘을 주었어요. 스티로폼이 휘어지다가 '탁' 소리를 내며 두 조각이 났어요.

"스티로폼이 조각날 때 양손이 떨렸지? 그게 땅이 끊어질 때 나는 떨림과 같아."

아이들은 그제야 고개를 끄덕였어요.

"지진이 일어나는 것은 땅속에서 일어나는 운동과 관계가 있어. 땅 위에서는 아무 일도 일어나는 것 같지 않지만 땅속은 계속 움직이고 있어. 지하수도 흐르고 뜨거운 마그마는 지각을 뚫고 나오려고 하지."

"그리고 땅속에 있는 맨틀도 움직이고. 그 위의 땅들도 움직이고."

한결이가 거들자 아이들은 척척 말하는 한결이가 대단해 보였어요.

"평소에는 조용하던 땅속이 갑작스럽게 변할 때가 있어. 그때 엄청난 힘과 에너지가 나오는데 그게 땅 위로 전달되는 거지. 여기서 문제! 그렇다면 언제 엄청난 힘과 에너지가 나오는 것일까?"

아이들이 한 마디씩 했어요.

"화산 활동이 생길 때?"

"땅속에서 폭탄이 터질 때?"

자랑이는 다 맞는 대답이라며 흐뭇한 미소를 지었어요.

"근데 지진은 일어나는 곳이 정해져 있는 거야? 옆 나라 일본은 지진이 자주 일어나잖아."

자랑이가 칠판에 세계 지도를 보여 주었어요. 세계 지도에는 작은 점들이 이어진 선이 있었어요.

"저 점들은 뭐야? 설마 저 점들이 지진이 잘 일어나는 곳이야?"

한결이의 물음에 자랑이가 그렇다고 대답했어요.

"이 빨간 띠를 지진대라고 해. 지구 표면은 크게 열 개의 조각과 여

한결이의 일지

지진대와 화산대

지진대는 지진이 자주 발생하는 지역이고, 화산대는 화산이 분포한 지역으로, 둘 다 특정 지역에 집중되어 있어.

● 지진대　▲ 화산대
자료: 미국 지질 조사국

지도를 보니까 왜 일본에 지진이 자주 일어나는지 알겠네.

러 개의 작은 조각으로 되어 있는데 그것을 '판'이라고 해. 지진대는 주로 판의 경계, 화산 활동이 일어나는 지역과 거의 비슷해. 이렇게."

말이 끝나자 이번에는 세계 지도 위에 노란 점들이 생겼어요.

"그러면 저 노란 점들이 화산 활동이 있는 곳이야?"

대찬이 말에 아이들은 지진대와 화산대가 겹쳐진 세계 지도를 뚫어지게 보았어요.

"무서운 점들이네. 저 점들과 가까이 있는 나라들은 지진과 화산 활동을 다 겪는 거야?"

한 아이가 물었어요.

"화산 활동이 일어나면 그 주변에는 지진도 일어나. 하지만 지진이 일어난다고 해서 화산 활동이 반드시 일어나는 것은 아니야."

자랑이 말에 대찬이가 얼른 질문을 했어요.

"그럼 화산 활동은 왜 일어나는 거야? 마그마는 들어 봤는데."

'마그마'란 단어에 몇몇 아이들이 고개를 갸우뚱거렸어요.

"땅속은 깊이 내려갈수록 점점 뜨거워져서 웬만한 물질들을 다 녹일 수 있어. 지구 내부의 열 때문에 물질이 녹아 있는데 그것을 마그마라고 불러."

아이들은 자랑이 말에 알 듯 말 듯한 표정을 지었어요.

"마그마가 지구 내부의 영향을 받으면 지각의 약한 틈을 뚫고 지상으로 솟구쳐. 그것을 화산 활동이라고 해. 마그마는 기체인 연기로 날아가기도 하고 액체인 붉은 용암으로 흘러나오기도 하지. 화산은 마그마가 나올 때 여러 이물질들이 쌓여서 만들어진 지형이고."

아이들이 그제야 고개를 크게 끄덕였어요.

"그러니까 지구는 계속 움직이고 있는 거네."

한결이 말에 자랑이가 미소를 지었어요.

"그래, 지진이나 화산 활동은 지구가 살아 있다는 신호이기도 해."

지구가 살아 있다는 말에 아이들은 어리둥절했어요. 지구가 살아 있다면 사람, 동물, 식물 중 무엇이라고 불러야 할지 고민이 되었거든요.

"살아 있는 모든 것들은 아픈 것을 싫어하지. 누군가 괴롭힌다면 너희는 어떨 것 같아?"

"너무 싫지!"

모두들 한목소리로 대답했어요.

"그럼 지구는 어떨까?"

"살아 있다면 지구도 당연히 싫겠지."

대찬이가 얼른 대답했어요. 11년 동안 아픈 경험이 있었느냐고 묻자 아이들은 서로의 아픔을 앞다퉈 이야기했어요.

"11년 살면서도 그렇게 아팠는데 46억 살이나 먹은 지구는 얼마나 아팠을까?"

지구 나이가 46억 살이란 말에 아이들은 입이 떡 벌어졌어요.

"나이가 엄청 많아. 지구가 죽을 때 되었으면 어쩌지?"

아이들은 지구가 금방이라도 죽을 것 같아서 무척 걱정이 되었지요.

"그런 일은 없어. 아주 옛날에 소행성과 충돌해 큰 피해를 입은 적도 있지만 똑같은 일이 벌어지지 않는다면 지구는 아직도 살아갈 날이 많아. 그리고 태양이 죽지 않는 이상 지구도 사라지는 일은 없어."

아이들은 태양과 지구의 관계가 너무너무 알고 싶었어요. 그래서 자랑이에게 이야기해 달라고 졸랐어요.

아이들의 눈빛은 궁금증으로 가득 찼지요. 자랑이는 내일 청소 시간

끝나고 다시 만나자고 약속했어요. 그러고는 아이들에게 구멍이 숭숭 뚫린, 까만 돌하르방 열쇠고리를 선물했어요.

"마그마가 식은 현무암으로 만든 거야."

아이들은 손에 쥔 현무암을 이리저리 돌려 보았어요. 굳은 마그마를 만지고 있다는 사실이 신기했지요.

아이들은 집으로 돌아오는 내내 주변을 살폈어요. 하지만 어디에도 지진이 일어났었다는 흔적은 없었지요. 인터넷 검색도 했어요. 역시 서울에는 지진이 일어나지 않았어요. 그제야 오늘 지진은 자랑이가 부린 마술이라는 것을 알았어요. 아이들은 빨리 내일이 오기를 기다렸어요.

자랑이를 또 만나고 싶었거든요.

마그마가 만든 암석, 화성암

마그마 활동으로 만들어진 암석을 '화성암'이라고 해. 대표적인 화성암으로는 '현무암'과 '화강암'이 있어. 우리나라에는 화강암이 많아. 그래서 화강암으로 만든 문화유산도 많지. 경주의 첨성대, 다보탑, 석가탑도 화강암으로 만들었어.

첨성대

석가탑

밝은 바탕에 검은색 알갱이가 맨눈으로 봐도 잘 보이지?

현무암은 표면에 작은 구멍이 숭숭 뚫린 것도 있고 구멍이 없는 것도 있어. 제주도의 돌하르방이나 제주도 집의 담벼락은 현무암으로 만든 경우가 많아.

돌하르방

현무암은 어두운 색이네? 알갱이가 너무 작아 맨눈으로 확인하기 힘들어.

제주도의 돌담

지진 단계에 따른 피해

리히터 규모	진도	진도에 따른 현상
1.0~2.9	1	섬세하게 매달린 물체가 흔들린다.
3.0~3.9	2	창문이 떨리고 일부 사람만 느낀다.
	3	탁자 위에 있던 물건이 떨어지고 창문이 많이 떨린다.
4.0~4.9	4	벽이 갈라지는 소리가 난다. 밤에 잠을 자다가 깨는 정도이다.
	5	불안정한 물체는 넘어지거나 뒤집어진다. 나무, 전봇대와 같이 높은 물체의 흔들림이 심하다.
5.0~5.9	6	땅이 갈라지고 사람이 서 있을 수 없다. 무거운 가구가 움직인다.
	7	땅이 갈라지고 굴뚝이 무너지며, 운전하는 사람들이 느낄 수 있다.
6.0~6.9	8	땅이 심하게 갈라지고 똑바로 걷기 힘들다. 굴뚝, 공장 재고품, 기둥, 기념비, 벽 들이 무너지며, 무거운 가구가 쓰러지거나 뒤집어진다.
	9	강하게 지어진 건물들이 부서진다. 땅에 금이 가고 지하 수도관이 파괴된다.
7.0 이상	10	철로 된 건축물이 갈라지고 철로가 휘어진다. 산사태가 난다.
	11	철로가 심하게 휘어진다. 마그마가 흘러나온다. 다리가 부서지고 땅이 푹 꺼지며 지층이 어긋난다.
	12	마그마가 심하게 튀어 오르고 모든 물체가 공중으로 튀어 오른다. 거의 모든 것들이 파괴된다.

2010년 2월 27일(현지 시간) 새벽 칠레 서부 연안에서 발생한 리히터 규모 8.8의 강진으로 산티아고 인근 고속도로가 붕괴됐다. 이 때문에 고속도로를 지나던 자동차가 처참하게 뭉개졌다.

지진이 일어났을 때 대처하는 법

집 안에 있을 때

테이블 밑으로 들어가 몸을 보호

불을 끄고 가스 밸브 잠그기

문을 열어 출구 확보

집 밖에 있을 때

낙하물 주의, 머리 보호

상가에 있을 때

침착하게 행동

엘리베이터에 있을 때

가장 가까운 층에 내려 대피

지하철을 타고 있을 때

고정물 꼭 잡기

운전하고 있을 때

도로 오른쪽에 정차 후 대피

산이나 바다에 있을 때

산사태 등 위험 지역에서 신속히 대피

부상자가 있을 때

서로 협력해 응급 구호

피난은 마지막 수단

짐은 최소한, 대피는 걸어서

올바른 정보에 따라 행동

유언비어 믿지 않기

화산의 두 얼굴, 자연재해의 양면성

아나운서 인도네시아에서는 지금 한 달 가까이 화산 폭발이 계속되고 있습니다. 화산 폭발은 주민들에게 엄청난 재앙입니다. 목숨을 잃기도 하고 삶의 터전을 떠나 이재민으로 전락하기도 합니다. 그런데 이렇게 위험한 화산 지대를 떠나지 못하는 주민들이 있습니다.

리포터 인도네시아 서부 수마트라섬에 있는 해발 2500m의 시나붕 화산. 지난 달부터 지금까지 크고 작은 화산 폭발이 한 달 넘게 계속되고 있습니다. 12개 마을, 1만여 명의 주민들이 하루 아침에 삶의 터전을 잃었습니다.

화산 피해 주민 (화산재 때문에) 농사를 다 망쳤습니다. 이제 어찌해야 할지 막막하네요.

화산 피해 이재민 여기 있으면 돈을 벌 수 없죠. 손자들 간식 살 돈도 없고 할 수 있는 게 아무것도 없습니다.

리포터 하지만 화산이 모든 것을 빼앗아가는 것만은 아닙니다. 화산재 때문에 여름 농사를 망친 한 농부는 다시 채소밭으로 돌아왔습니다. 한 해 3모작이 가능해 다음 농사를 준비하기 위해섭니다. 화산재는 칼륨과 인 등 미네랄이 풍부하고 공기 구멍이 많아 천연 비료 역할을 하는 것으로 알려져 있습니다. 이 때문에 화산재로 덮였던 땅은 토질이 비옥해져 작물 생육에 최적의 환경을 제공한다는 겁니다.

면사무소 부소장 농업 연구소에 따르면 화산재는 미네랄이 많이 섞여 있어 장기적으로 농업에 도움이 된다는 결과가 있습니다.

농민 화산이 터지면 문제가 발생합니다. 하지만 화산 주변의 환경은 농사에 좋습니다.

커피 재배 농민 수확하는 커피 양이 많지는 않지만 소득은 그런대로 좋은 편입니다.

리포터 활화산 지대 산중턱 곳곳에서 피어오르는 수증기. 땅속의 지열도 화산이 주는 또 다른 혜택 가운데 하납니다. 또 지하에서 솟아나는 뜨거운 온천수 덕분에 작은 산골 마을이 휴양지로 탈바꿈했습니다.

온천 관광객 지난 학기 말 방학, 교회 행사 그리고 이번까지 세 번이나 왔습니다.

아나운서 환태평양 불의 고리에 위치한 인도네시아의 활화산은 모두 130여 개. 화산은 활동이 왕성해지면 용암과 화산재를 내뿜으며 인간에게 재앙을 가져다 줍니다. 하지만 장기간 지속되는 휴지기에는 위험을 기꺼이 감수할 만큼의 혜택을 제공합니다. 농토를 비옥하게 하고 관광 자원으로 볼거리를 주는 등 경제적 이득을 줍니다. 수백만 명의 주민들이 화산 지대를 떠나지 못하고 화산과 더불어 살아가는 이유, 바로 화산의 두 얼굴입니다.

이처럼 양면성을 지닌 자연재해에는 또 어떤 것이 있을까요? 그리고 인간에게는 재앙이지만 지구 생명체 전체의 기준에서 보면 그렇지 않은 자연 현상이 있을지 각자의 생각을 나누어 봅시다.

빈칸 채우기

다음은 지진이 발생했을 때의 대처 요령입니다. 빈칸에 들어갈 말을 〈보기〉에서 찾아 쓰세오.

보기 안내, 높은 곳, 운동장, 가스와 전기

① **집 안에 있을 경우**
탁자 아래로 들어가 몸을 보호합니다. 흔들림이 멈추면 (   )를 차단하고 문을 열어 출구를 확보한 후, 밖으로 나갑니다.

② **학교에 있을 경우**
책상 아래로 들어가 몸을 보호합니다. 흔들림이 멈추면 질서를 지키며 (   )으로 대피합니다.

③ **지하철을 타고 있을 경우**
손잡이나 기둥을 잡아 넘어지지 않도록 합니다. 지하철이 멈추면 (   )에 따라 행동합니다.

④ **산이나 바다에 있을 경우**
산사태나 절벽 붕괴에 주의하고 안전한 곳으로 대피합니다. 바닷가에서 지진 해일 특보가 발령되면 (   )으로 이동합니다.

정답: ① 가스와 전기 ② 운동장 ③ 안내 ④ 높은 곳

지구 46억 년을 하루 24시간으로 본다면?!

카운트다운 시작!!

젊은 원시 태양 주위에 가스와 먼지로 이루어진 원시 행성계 원반이 펼쳐지고, 그곳에 100억 개나 되는 미행성이 흩어져 있다. 그중 두 개가 격렬하게 충돌, 합체하였다.

46억 년 전 — 00:00

45억 6000만 년 전 — 00:02

"아야야!"
"같이 놀자!"

45억 5000만 년 전 — 00:05

원시 지구는 녹아내린 마그마로 덮여 있다. 지구와 충돌한 미행성은 충격으로 녹아내리고 지구를 덮은 마그마가 바다의 일부가 되었다. 미행성의 충돌로 지구는 점점 커졌다.

"아픈 만큼 성숙해지는 법."
"지구가 너무 뜨거워 녹고 있어."

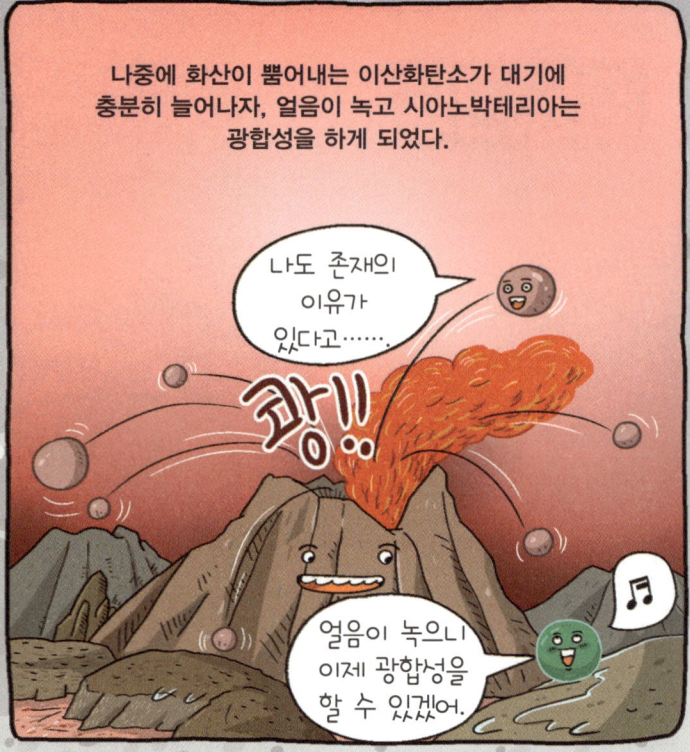

스스로 도는 지구와 태양을 도는 지구

청소가 끝나고 어제 모였던 아이들은 금이 간 구슬에 투명 테이프를 조심조심 붙였어요. 그러고는 두꺼운 도화지와 색종이로 구슬을 담을 예쁜 상자도 만들었지요.

"오~, 너무 예뻐."

언제 나타났는지 자랑이가 아이들 뒤에서 꼬리를 살랑살랑 흔들고 있었어요. 어제와는 전혀 다른 모습이었지요. 아이들은 자랑이가 너무 귀엽고 깜찍해서 어쩔 줄을 몰랐어요. 자랑이가 아이들을 보고 활짝 웃자 아이들이 자랑이 곁으로 옹기종기 모였지요.

"진짜 태양이 없어지면 지구도 없어지는 거야? 태양이 있는 동안에는 지구도 안전해?"

대찬이 물음에 자랑이가 그렇다고 했어요.

"태양에서 날아오는 열 때문에 생물체들이 살 수 있는 거야. 지구는 적당한 열을 받기 좋게 태양과 거리를 잘 유지하면서 태양 주위를 돌고 있어. 생명체가 살려면 물이 정말 중요하잖아. 그런데 지구가 너무 덥거나 너무 추우면 물은 어떻게 될까?"

"수증기가 되거나 얼음이 되겠지."

한결이의 대답에 자랑이가 고개를 끄덕이며 계속 말을 이어 갔어요.

"그만큼 지구 온도가 중요해. 살기 좋은 온도를 유지하려면 여러 조건이 있어. 그중 하나가 태양과 지구와의 거리야. 태양에 너무 가까우면 물이 모두 증발하고, 반대로 너무 멀면 물이 모두 얼겠지."

자랑이가 손가락을 튕기자 책상과 의자들이 교실 뒤쪽으로 저절로 물러났어요. 자랑이가 교실 가운데에서 띄운 구슬이 공중에 떠서 빙글빙글 돌았지요. 조금 있으려니 하나였던 구슬은 크기와 색이 다른 아홉 개의 구슬로 나뉘어 교실 한가운데에 떠 있었어요. 아이들이 주춤 뒤로 물러서자 하나의 구슬을 중심으로 여덟 개의 구슬이 원을 그리며 천천히 돌기 시작하였어요.

"아하, 가운데에서 빛을 내는 구슬이 태양이구나. 그럼 나머지 구슬들은?"

한결이 말에 아이들의 눈이 빙글빙글 도는 구슬들을 따라 움직였어요.

"가운데가 태양, 그리고 태양을 도는 행성들이 수성, 금성, 지구, 화성, 목성, 토성, 천왕성, 해왕성. 자~ 소개할게. 여기 있는 아홉 개의 구슬이 태양계 가족이야. 여덟 개의 행성들은 태양을 도는 자기만의 길이 있어. 절대 다른 행성의 길을 침범하지 않아."

아이들은 색색의 구슬들이 제각각 도는 모습을 신기하게 바라보았어요.

"이렇게 거리를 유지하면서 지구는 태양을 365일, 일 년 동안 한 바

항성과 행성

'항성'은 하늘에서 위치가 변하지 않는 별이야. 하늘에 붙박혀 있다고 해서 '붙박이별'이라고도 불러. 항성은 스스로 빛을 내. 태양계에서는 태양만 빛이 나지.

한편 별들 사이를 왔다 갔다 도는 별들은 '돌아다니는 별'이라고 해서 '행성'이라고 해. 그리고 행성은 빛이 나지 않아. 지구를 포함해서 태양을 도는 여덟 개의 별은 '행성'이야.

퀴 돌아. 그것을 '공전'이라고 해. 지구는 태양을 기준으로 서쪽에서 동쪽으로 돌고 있어. 여길 봐봐."

자랑이가 가리킨 공중에는 책에서 보던 별자리들이 나타났어요.

"지구를 따라 같이 태양을 돌아 볼래? 그리고 별자리가 어떻게 달라지는지 봐."

자랑이 말에 아이들은 지구를 따라 태양 주변을 돌았어요.

"우리가 움직일 때마다 다른 별자리가 보여."

계절이 바뀌는 이유를 알아?

"그럼 계절이 바뀌는 것도 공전 때문이야?"

대찬이가 달라지는 별자리를 유심히 보며 물었어요.

"계절이 바뀌는 것은 공전 때문만은 아니야. 계절은 지구가 얼마나 더워지느냐, 추워지느냐를 말하는 거야. 지구가 자전을 하면서 공전을 하기 때문에 계절이 생기는 거야."

"혹시 자전이라는 게 지금 지구가 제자리에서 돌고 있는 것을 말해?"

"대찬이 말처럼 지구는 자전축을 중심으로 하루에 한 바퀴씩 돌고 있어."

아이들은 자전축이 무엇이냐고 물었어요.

"자전축은 진짜 축은 아니야. 과학자들이 가짜로 만든 북극과 남극을 잇는 선이지. 지구는 태양을 도는 방향과 같이 서쪽에서 동쪽으로 자전

계절은 왜 변하는 것일까?

지구는 태양 주위를 돌 때 똑바로 서서 돌지 않아. 조금 삐딱하게 서서 돌거든. 지구는 제자리를 돌 때 가상의 자전축을 중심으로 공전할 때 생기는 면과 약 66.5°의 각도를 이루지. 어떤 사람들은 지구가 똑바로 서 있지 않고 23.5° 기울어져 있다고 해. 둘 다 맞는 말이야. 만약 지구의 자전축이 기울어져 있지 않거나, 지구의 자전축이 기울어진 채 자전만 한다면 계절의 변화는 일어나지 않을 거야. 더 쉽게 말하면 자전축의 기울기와 공전 때문에 태양의 고도(태양이 지표면과 이루는 각)와 시간(낮의 길이)이 달라져서 계절 변화가 나타나게 되는 것이지. 그림을 보면서 다시 설명할게. 지구 위치에 따른 사계절의 변화야.

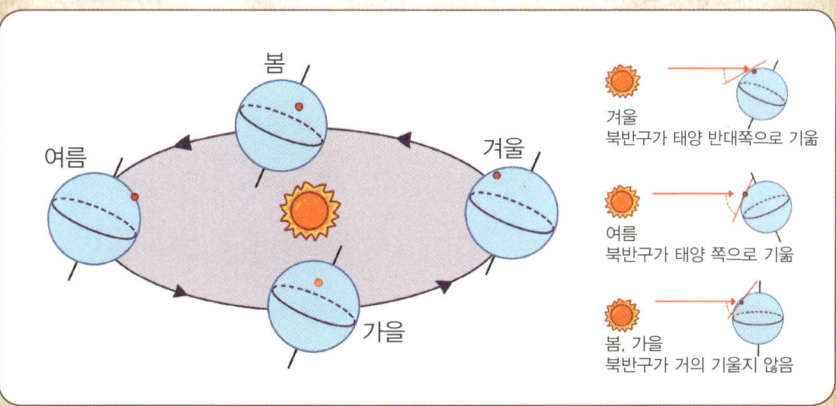

우리나라가 속한 북반구가 태양의 반대쪽으로 기울어지면 태양과의 거리가 멀어져서 고도가 가장 낮아지고 온도가 떨어져. 이때가 겨울이지. 반대로 북반구가 태양 쪽으로 기울어져 있으면 태양과의 거리가 가까워져서 고도와 온도가 가장 높은 여름이 되는 거야. 그리고 북반구가 거의 기울어 있지 않아 태양의 고도가 중간 정도일 때가 있어. 그래서 겨울에서 여름의 중간에 있는 봄은 따뜻하고, 여름에서 겨울로 가는 중간에 있는 가을은 선선한 거야.

을 해. 그런데 지구의 자전축이 약간 기울어져 있어. 그래서 지구도 약간 기울어진 채 돌고 있지."

 자랑이가 손가락을 다시 튕기자 지구 가운데를 가로지르는 선 하나가 생겼어요. 그 선은 똑바로 서 있지 않고 자랑이 말처럼 약간 기울어져 있었지요.

 "우리나라가 겨울이면 오스트레일리아는 여름이야. 지구가 기울어져 있어서 우리가 태양열을 적게 받을 때, 우리나라와 반대쪽에 있는 오스트레일리아는 태양열을 많이 받아. 그래서 오스트레일리아에서는 크리스마스가 여름이야."

아이들은 크리스마스가 여름일 수도 있다는 것이 재미있었어요.

"낮과 밤이 생기는 것도 자전 때문이야. 우리나라의 위치가 태양을 바라보고 있으면 낮, 태양을 등지고 있으면 밤이 되지."

아이들이 고개를 크게 끄덕였어요.

"지구를 돌고 있는 저것은 달이야?"

한 아이가 물었어요. 지구 구슬보다 작은 구슬이 지구 주위를 돌고 있었지요.

"달은 태양빛을 받는 부분만 빛을 반사하여 밝게 보여. 달도 지구처럼 자전도 하고 공전도 해. 달과 지구가 자전과 공전을 하기 때문에 지구에서 보는 달의 모양이 다르게 보이는 거야."

자랑이 말처럼 구슬들은 시간이 지나면서 위치가 달라졌어요. 태양, 달, 지구의 순서였다가, 시간이 지나자 태양, 지구, 달의 순서가 되었지요.

"태양, 지구, 달의 순서가 되면 지구에서는 보름달을 볼 수 있어. 달 모양은 약 30일마다 달라져. 초승달, 상현달, 보름달, 하현달, 그믐달이 되지. 초승달에서 15일 동안 점점 커져서 보름달이 되었다가 15일 동안 점점 작아지는 거야."

아이들은 머리 위에서 빙글빙글 돌고 있는 태양계를 계속 바라보았어요. 그때 한결이가 조용히 입을 열었어요.

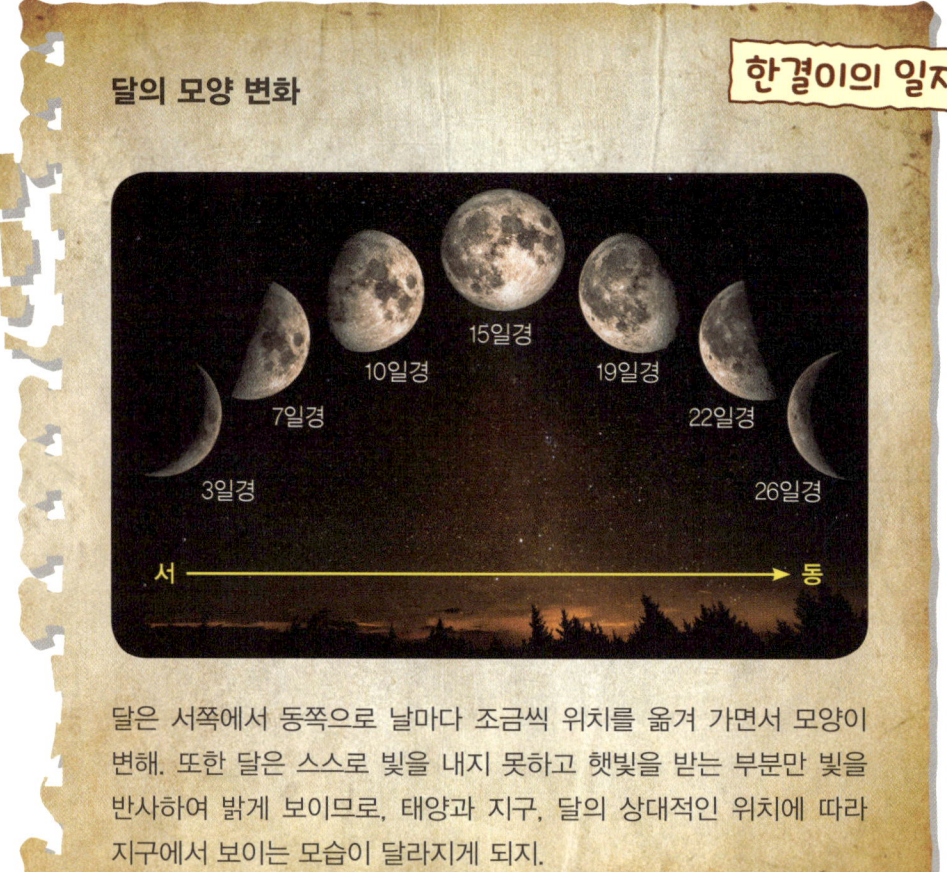

달의 모양 변화

달은 서쪽에서 동쪽으로 날마다 조금씩 위치를 옮겨 가면서 모양이 변해. 또한 달은 스스로 빛을 내지 못하고 햇빛을 받는 부분만 빛을 반사하여 밝게 보이므로, 태양과 지구, 달의 상대적인 위치에 따라 지구에서 보이는 모습이 달라지게 되지.

"아홉 개 별 중에서 지구에만 생명체가 있다니, 지구가 엄청 대단한 것 같아."

아이들도 한결이 말에 천천히 고개를 끄덕였어요.

"46억 년 동안 같은 길을 계속 돌고 있는 지구가 더 놀라워. 그 길에서 벗어났다면 지구가 어떻게 됐을지 모르잖아."

대찬이도 한 마디 했지요.

"이렇게 소중한 구슬인지도 모르고. 자랑아, 한결아, 어제는 내가 미안했어."

대찬이의 사과에 한결이는 살짝 놀랐어요. 먼저 사과하는 것을 한 번도 본 적이 없었거든요. 한결이도 대찬이의 사과를 받아 주었어요. 둘의 모습을 보고 자랑이도 빙그레 웃었지요.

"그렇지. 하나밖에 없는 지구에서 그게 싸울 일이냐. 지구가 우리들을 위해 어떻게 움직이고 있는지 알았지? 지금까지 말한 생명 유지 장치 중에 어떤 것 하나라도 잘못되면 우리는 살 수 없을지도 몰라. 그러니 당연히 지구한테 고마워해야지."

아이들은 지구가 몸살을 앓고 있다는 선생님의 말씀이 떠올랐어요. 그리고 지구가 몸살이 나지 않으려면 어떻게 해야 하나 고민했어요.

"지구한테 미안하고 고맙네."

한 아이의 말에 아이들도 같은 생각을 했어요. 자랑이는 지구를 생각하는 아이들을 흐뭇한 표정으로 보았어요.

태양광 에너지의 장단점은 무엇일까?

'신재생 에너지'란 말을 들어 봤니? 신재생 에너지란 온실가스를 거의 배출하지 않으면서도 계속 사용할 수 있는 에너지를 말해. 자연환경에 있는 것을 에너지로 만들어 사용하는 거야. 예를 들어 태양광, 태양열, 풍력, 수력, 지열 등을 이용해서 전기를 만들 수 있어. 이렇게 자연에서 나오는 것으로 에너지를 만들면 에너지 수입을 줄일 수도 있지.

신재생 에너지를 이용하면 여러 좋은 점들이 있어. 첫째, 자연에서 쉽게 구할 수 있는 태양, 바람, 물 등을 이용한다는 것이야. 둘째, 고갈의 위험 없이 계속 다시 쓸 수 있는 에너지라는 점이지. 셋째, 환경 오염 물질이 거의 나오지 않기 때문에 친환경 에너지라고도 해.

반대로 나쁜 점들도 있어. 첫째, 태양광 발전은 처음 시설을 설치하는 데 비용이 엄청 많이 들어. 둘째, 풍력 발전을 이용하게 되면 새들이 이동할 때 방해가 되거나 다칠 수도 있지. 셋째, 조력 발전은 바다 생태계를 파괴할 수도 있어.

신재생 에너지를 개발하는 이유는 지구 온난화 때문에 기후가 변하는 것을 막기 위해 탄소가 나오지 않는 에너지를 찾고 있기 때문이야. 그런 점에서 태양을 에너지원으로 이용한다는 것은 정말 매력적인 방법이야. 친환경적이고 끊임없이 사용할 수 있는 태양 에너지는 풍력 발전이나 조력 발전보다 다양한 형태로 이용이 가능해. 예를 들어 가정집이나 온실 지붕에 설치하거나 건물 유리창에 붙일 수도 있지. 원자력 발전소는 수명이 다하면 다시 사용하지 못하지만 태양광은 그렇지 않아. 태양광 패널 기대 수명은 평균 20~30년인데 유리, 알루미늄, 실리콘, 구리 등으로 제작되기 때문에 최대 90%까지 회수 및 재활용할 수 있어서 자원 절약과 환경 보호가 가능하기 때문이야. 또한 태양광 패널은 20년을 사용하고도 규정된 조건 하에서 운전이 보장된 최대 출력 기준으로 평균 정격 출력 80% 이상의 전기를 생산할 수 있다고 해.

물론 단점도 있어. 지역마다 태양광의 양이 다르고, 에너지가 많이 필요한 겨울에는 태양광이 적어서 에너지를 많이 만들지 못하기도 해. 게다가 적도 지역에 있는 필리핀이나 타이완 같은 나라는 아무리 태양광이 많다고 해도 태풍이 잦아서 시설물 관리가 힘든 문제도 있지.

위의 글을 읽고 '미래 지구를 생각하여 태양광 에너지를 적극 활용해야 한다.'라는 주제문에 대해 찬성과 반대로 나눠 이야기해 보세요.

- 찬성:

- 반대:

그려 넣기

다음은 12개월을 상징하는 별자리 그림입니다. 아래 빈 칸에 봄, 여름, 가을, 겨울을 대표하는 별자리를 하나씩 그려 보세요.

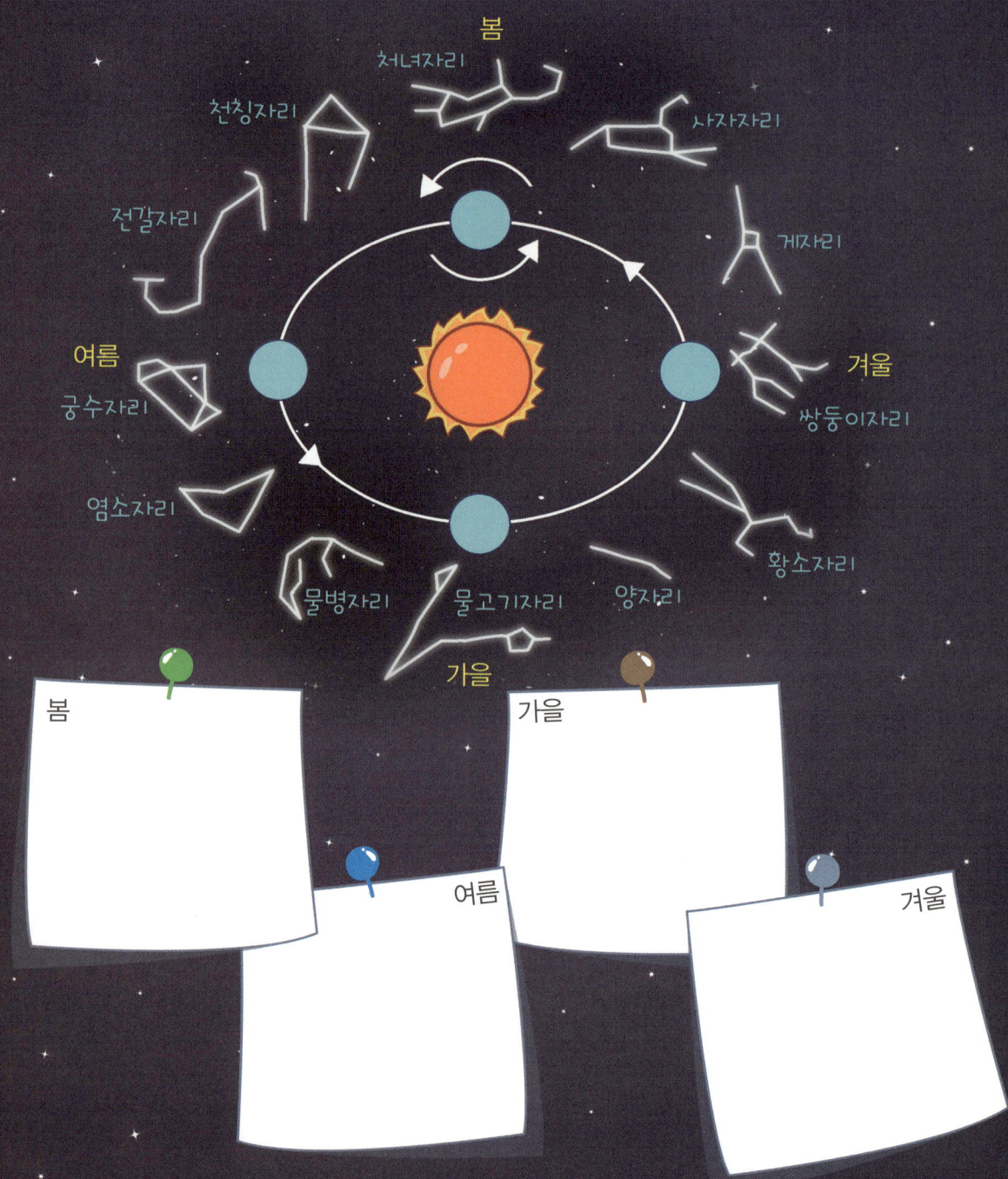

🌍 4월 22일, 지구의 날

한결이 반 아이들은 '지구의 날'을 맞이하여 만든 환경 포스터와 표어를 서로 비교하면서 환경 오염에 대해 이야기꽃을 피웠어요.

"쓰레기가 너무 많아 쓰레기를 처리할 땅이 부족하대. 우리 집도 택배를 많이 시켜서 택배 상자, 스티로폼, 플라스틱이 쉬지 않고 나와. 이러다가는 집이 쓰레기장이 되겠어."

"쓰레기 태울 때 나는 냄새와 이산화탄소는 어떻고. 이산화탄소가 많아지면 대기가 오염되고 지구 온난화가 더욱 심각해지잖아."

"그러면 북극과 남극 얼음이 더 녹을 거야. 물이 늘어나니 바다 높이는 더 높아지고. 자랑이가 바다의 양을 유지해야 한다고 했잖아."

"큰일이야 큰일. 하나가 오염이 되니까 꼬리에 꼬리를 물고 여기저기 다 오염되잖아."

"어떻게 하면 오염을 조금이라도 줄일 수 있을까? 우리가 조심한다고 오염을 줄일 수 있을까?"

아이들 표정이 어두워지자 한결이가 밝은 목소리로 말했어요.

"나 혼자 하면 변화가 엄청 느리겠지만 다 같이 하면 변화가 좀 더 빨리 일어나겠지. 나무 심는 아저씨 이야기도 있잖아. 혼자서 몇십 년

한결이의 일지

지구를 오염에서 보호하라

지구를 오염에서 보호하기 위해 만든 날들이 있어요.

- **세계 물의 날** 매년 3월 22일. 물 관련 문제의 심각성을 인식하고 수자원을 보호하며 이를 개선하자는 취지에서 제정했어요.
- **지구의 날** 매년 4월 22일. 지구의 환경을 보호하고 환경 오염 문제의 심각성을 알리기 위해서 자연 보호자들이 제정한 날이에요.
- **세계 생물 다양성의 날** 매년 5월 22일. 지구상에 서식하는 생물의 가치를 보존하고 생물 다양성이 사라지는 것과 그에 얽힌 여러 문제에 대한 사람들의 인식을 확산하기 위해 유엔에서 제정한 날이에요.
- **세계 환경의 날** 매년 6월 5일. 환경 보호에 대한 전 세계의 관심과 행동을 이끌기 위해 유엔에서 만든 날이에요.

동안 혼자 나무를 심어서 숲을 이루었다는 얘기 말이야. 혼자서도 숲을 만들 수 있는데 우리는 여러 명이잖아."

아이들은 맞는 말이라며 자연을 위해 각자 할 수 있는 일들을 이야기했어요.

"나는 물건을 좀 더 아껴 써야겠어. 쓰레기양을 줄여야 하니까 새 학용품이 나왔다고 금방 바꾸지 않을 거야."

"나는 배달 음식을 시켜도 나무젓가락이나 일회용 숟가락은 달라고 하지 않을 거야."

"분리수거는 엄마랑 아빠만 했는데 이제부터 나도 직접 해 보려고."

"우리 엄마는 음식을 엄청 많이 해서 남으면 버리시곤 하시는데 그러지 말라고 해야지. 앞으로는 먹을 만큼만. 그러면 나도 먹는 양이 줄어서 좋고 지구는 음식 쓰레기양이 줄어서 좋고."

"나는 가까운 거리는 걸어 다닐 거야. 조금 멀면 자전거를 타고."

아이들은 한 마디씩 할 때마다 환경 운동가가 된 기분이 들었어요.

"여러분, 오늘 여러분이 만든 포스터와 표어는 학교 복도와 우리 반 알림판에 전시할 거예요. 4월 22일만 지구를 아끼지 말고 365일 매일 지구를 생각해야 해요. 오늘 집에 돌아가면 저녁 8시에 10분 동안 집 안의 전기를 끄고 밖에서 들리는 바람 소리나 곤충 소리 등 자연의 소리에 귀를 기울여 보세요. 그리고 내일, 오늘 저녁 지구가 들려준 속삭임

에 대해 이야기해 볼 거예요."

"선생님, 전기를 끈다고 지구가 속삭이는 소리가 들려요?"

한결이의 질문에 선생님은 웃으며 대답해 주셨어요.

"평소에는 사람들의 이동과 자동차 등이 움직일 때 나는 진동 때문에 진짜 지구 내부에서 울리는 자연의 진동을 듣기 힘들대요. 그런데 사람들의 움직임이 줄어든다면 지구가 내는 진짜 울림을 잘 관측할 수 있대요. 어쩌면 오늘 밤 여러분도 지구가 내는 소리를 들을 수 있을지 몰라요."

아이들은 정말 궁금했어요. 과연 지구가 내는 소리는 어떤 소리일까요? 새소리처럼 맑고 경쾌할까요? 졸졸졸, 시냇물처럼 시원한 소리가 날까요? 아니면 엄마의 자장가처럼 부드러울까요?

"에이~, 선생님, 지구 소리를 어떻게 들어요? 첨단 기계가 없으면 사람의 귀로는 들을 수가 없을 것 같은데요."

대찬이가 크게 말했어요. 아이들도 그 말이 맞을 것 같았지만 그래도 오늘 밤에 지구의 소리를 듣고 싶어졌어요.

"그럴 수도 있고, 아닐 수도 있지요. 오늘 밤 잘 듣고 내일 서로 이야기해 보세요. 오늘 숙제는 알지요? 내가 실천할 수 있는 지구 지킴 행동들을 적고 집에서 실천을 했는지 기록하는 거예요."

"네~!"

46억 년의 비밀, 생명을 살리는 지구

아이들은 크게 대답했어요. 한결이는 집으로 돌아가는 내내 땅만 보고 걸었어요. 한참 걷다 보니 한숨이 저절로 나왔지요. 한결이가 걷는 길은 아스팔트나 보도블록으로 되어 있었어요. 아무리 생각해도 이렇게 두꺼운 것들을 뚫고 지구 속 소리가 나올 수는 없을 것 같았어요.

"아, 저녁에 학교 운동장에 와서 지구 소리를 들어야 하나?"

지구 속삭임을 들을 수 있는 10분

저녁 7시 55분이 되었어요. 한결이와 해리는 엄마가 준비하신 초 앞에 앉았어요. 한결이 가족은 8시가 되면 10분 동안 전등을 끄고 초를 켜기로 했지요. 한결이가 갑자기 일어나 집에 있는 모든 창문을 다 열었어요. 엄마와 아빠는 의아해하셨지요.

"지구 소리를 자세히 들어 보려고."

10, 9, 8, 7, 6, 5, 4, 3, 2, 1! 아빠가 초에 불을 켜자 한결이와 해리는 집 안의 모든 전깃불을 껐어요. 촛불이 눈앞에서 하늘하늘 춤을 추었어요.

"우주에서라면 전깃불들이 도미노처럼 꺼지는 것을 볼 수 있겠지. 지구는 지금 이 순간, 인공의 빛이 없는 본래 모습으로 돌아간 거야."

지구 온난화로 없어지는 땅

한결이의 일지

지구 온난화로 많은 곳이 기후의 영향을 받아. 그중 가장 심한 곳이 빙하가 있는 지역이야. 빙하는 남극과 북극에만 있는 것이 아니고 육지에도 있어. 2019년 여름은 그 어느 해보다 엄청 더웠지. 그래서 빙하가 많이 녹아서 얼음 면적이 많이 줄어들고 두께도 얇아졌어. 이런 현상이 계속되면 동물들뿐만 아니라 그곳에 사는 원주민들도 살기가 힘들어져.

빙하가 녹으면 북극과 남극만 문제가 생길까? 그렇지 않아. 바닷물의 높이가 높아지면 낮은 지대의 섬들은 잠길 수밖에 없어. 앞으로 50~100년이 지나면 태평양이나 인도양에 있는 아름다운 섬들을 영영 보지 못할 수도 있어.

인도양에 위치한 아름다운 섬나라 몰디브는 지구 온난화에 따른 해수면 상승으로 100년 안에 사라진다는 전망이 나오고 있다. 2100년께에는 몰디브의 80% 정도가 물에 잠긴다는 예측까지 나왔다.

아빠가 촛불 앞에 앉은 한결이와 해리를 보며 말씀을 하셨어요.

"케이크는 없지만 촛불을 켜니까 꼭 생일 같아."

해리가 말했어요.

"누구 생일?"

"지구."

해리의 대답에 가족들은 서로를 보고 환하게 웃었지요. 한결이와 해리는 귀를 쫑긋 기울였어요.

바람에 나뭇가지가 흔들리는 소리가 났어요. 그리고 참새 소리가 아닌 처음 듣는 새소리도 들었지요. 일렁이는 촛불을 가만히 보고 있으려니 가족들 마음이 평온했지요.

"우리 10분이 지나도 초를 조금 더 켜 둘까?"

엄마의 말씀에 한결이와 해리는 좋다고 했어요. 4월 22일 지구의 날, 한결이 가족은 잠이 들 때까지 전깃불을 켜지 않았어요.

한결이와 해리는 창문 앞에 서서 밤하늘을 보았어요.

"어때? 이제 지구에 대해서 좀 알았어?"

아이들 뒤에서 자랑이가 꼬리를 흔들고 있었어요. 한결이가 자랑이를 번쩍 들어 올렸어요.

"고마워, 네 덕분에 많은 걸 알게 되었어."

아이들은 자랑이를 꼬옥 안아 주었어요.

"지구를 위한 실천 운동 계획표는 다 만들었니?"

아이들은 자랑이에게 책상 위에 붙인 실천 종이를 보여주며 의기양양하게 미소를 지었어요.

"물론이고 말고! 꼭 실천할 거야."

한결이와 해리는 자랑이에게 자신 있게 약속을 했어요.

"좋아! 난 이제 가도 되겠어."

자랑이 말에 아이들은 깜짝 놀랐어요.

"왜? 어디로? 계속 있는 거 아니었어?"

자랑이가 밤하늘을 가리켰어요. 아이들은 자랑이를 보내고 싶지 않았어요. 어느새 아이들 눈에는 눈물이 그렁그렁 고였지요.

"지구를 지키겠다는 약속, 꼭 지켜야 한다!"

"반드시 우리가 지구를 지킬 거야."

한결이와 해리는 자랑이에게 굳게 맹세를 하였어요. 그러자 자랑이가 환하게 웃더니 순식간에 하늘로 날아갔어요.

"오빠, 저기 봐. 저 별!"

해리가 가리킨 곳에 유독 반짝이는 별이 있었어요.

다음 날 엄마는 아침 식사 시간에 아이들 손등에서 이상한 그림을 발견하셨지요.

"너희들 손등에 그게 뭐니? 서로한테 그려 준 거야?"

한결이와 해리는 손등에 그려진 작은 구슬 그림을 보았어요. 자랑이 집처럼 작고 예쁜 구슬이었지요. 아이들은 서로를 보고 방긋 웃었어요.

"예쁘게 잘 그렸네. 지구를 그린 거야?"

엄마와 아빠도 손등의 그림을 보고 미소를 지었어요. 작고 예쁜 푸른 별이 한결이와 해리 손등에서 반짝였지요.

이산화탄소 청소부 크릴새우를 아시나요?

크릴 오일은 크릴새우라는 바다 동물에서 나오는 기름이야. 이 기름이 지방 분해를 잘 한다는 소문이 나면서 요즘 전 세계에서 불티나게 팔리고 있어. 크릴새우는 바다 무척추동물로 세계 곳곳에 있지만 특히 남극해에 있는 크릴새우는 먹이사슬에서 아주 중요한 역할을 하고 있어. 크릴새우는 먹이사슬 중, 아래 단계에서 있으며 남극 바다 동물인 고래, 물범, 펭귄, 물고기, 오징어 등을 먹여 살리고 있어. 그런데 크릴 오일이 인체의 지방 분해를 한다는 광고에 혹해 해양 생물의 먹이사슬 속에 인간까지 끼게 되었어. 크릴새우가 사람들의 지방을 분해하는 일보다 지구를 위해 천 배, 만 배 더 중요한 일을 맡고 있다면, 그래도 사람들은 크릴새우를 지금처럼 잡을까?

크릴새우는 수만 마리가 한꺼번에 헤엄쳐 다녀. 그러면서 바닷속 물을 순환시키기 때문에 크릴새우는 바다의 이산화탄소 청소부라고 불리기도 해. 크릴새우는 밤에 바다 표면에 떠 있는 식물성 플랑크톤을 먹고 살아. 식물성 플랑크톤은 이산화탄소를 먹고 광합성을 하면서 산소를 내보내. 그래서 식물성 플랑크톤은 이산화탄소를 먹고, 크릴은 그 식물성 플랑크톤을 먹는 거지. 결국 크릴새우가 엄청난 양의 이산화탄소를 먹는 셈이야. 그런데 사람들이 크릴새우를 너무 많이 잡으니까 바다 동물들이 먹을 게 없어지잖아. 펭귄들은 크릴새우를 찾으러 점점 더 먼 바다까지 나가야 해. 그리고 어떤 펭귄들은 집으로 돌아오는 길을 잃어버리고 위험에 빠지기도 하지. 사람들의 이기심은 지구와 바다 동물에게 피해를 주고 있어. 결국 이러한 생태계 파괴가 사람들에게 재앙으로 돌아올지도 몰라. 남극의 크릴새우가 없어진다면 어떻게 될까? 이산화탄소는 점점 남극의 하늘을 뒤덮을 거야. 그렇게 되면 지구 온도가 올라갈 수도 있고 그 영향으로 기후 변화가 생길 수도 있지. 남극이나 북극의 얼음이 녹으면 그곳에서 살던 동물들은 살 곳이 없어져. 사람들에게 먹이도 빼앗기고 살던 집도 빼앗기고. 결국 동물과 조화를 이루면서 같이 살아가야 하는 사람이 동물들에게 가장 두려운 존재가 되는 셈이지.

남극이나 북극의 얼음이 녹아 그곳에서 살던 동물들이 터전을 잃고 방황하는 모습을 본 적 있을 거야. 번식과 성장에 필요한 먹이가 부족하다는 것은 동물들의 생존과 바로 연결되어 있지. 남극의 해양 생물들은 인간의 이기심으로 삶과 죽음의 갈림길에 서 있어.

사람들의 건강을 위한다는 이유로 크릴새우를 잡는 행위가 지구에 이토록 큰 문제를 남기게 될 줄은 몰랐을 거야. 결국 지구의 일부인 사람들이 다른 동·식물과 조화를 이루고 살 때, 지구 생태계가 유지된다는 것을 우리 스스로가 잘 알아야 해. 그리고 생태계 안에서 어떻게 하면 조화로운 삶을 사는지 방법을 생각하고 그것을 실천해 나가야겠지.

생물 자원을 마구 잡는 행동이 지구 생태계에 끼치는 영향을 생각해 보고, 생물 자원을 많이 잡는 일을 막고 보존하기 위한 방법을 제시해 봅시다.

나만의 실천 종이

지구 환경 보호를 위해 우리가 할 수 있는 일들에는 어떤 것들이 있을까요? 빈칸에 써 넣어 보세요.

- 수질 오염으로부터 물을 보호해 주세요.

- 토양 오염으로부터 흙을 보호해 주세요.

- 대기 오염으로부터 공기를 보호해 주세요.

- 이외에 지구 환경을 위해 우리는 어떤 일을 할 수 있을까요?

우리가 실천할 수 있는 일들을 생각해 봅시다.

정답

> 어려운 용어를 파헤치자!

대류 액체나 기체 상태의 분자가 직접 이동하면서 열을 전달하는 현상을 말해요. 열을 받아서 따뜻해진 액체나 기체는 부피가 커지면서 가벼워져 위로 올라가고, 위쪽에서 열을 잃어 식어 버린 액체나 기체는 부피가 작아져서 무거워지므로 아래로 이동합니다. 보일러를 켰을 때 방 전체가 따뜻해지는 이유는 이와 같은 대류 현상 때문이에요.

소행성 행성보다 작은 태양계 내 천체를 일컫는 말이에요. 즉, 크기가 수백 m에서 수 ㎞에 이르는 태양 궤도를 도는 바위 덩어리들이에요. 소행성이 지구로 떨어진 경우 운석이라고 하고, 지구 표면과 충돌하기 이전에 지구 대기층에서 빛을 내며 완전히 타 버린다면 유성이라고 부른답니다.

지각 지구 표면의 가장 바깥쪽을 차지하는 토양과 암석으로 이뤄진 지구의 껍데기 부분이에요. 지구의 표면에 단단한 고체로 존재하는데, 그 두께는 대륙은 약 30㎞, 해양은 이보다 훨씬 얇아 약 5㎞에 불과합니다. 지각 전체의 부피는 지구의 1%밖에 안 될 정도로 아주 작아요. 지각을 구성하는 원소는 산소, 규소, 알루미늄 등이며, 산소가 질량으로는 47%, 부피로는 90% 이상을 차지하고 있어요.

태양풍 코로나라고 불리는 태양의 상층 대기가 팽창하여 행성 사이의 공간으로 빠르게 불어 나가는 것을 말해요. 태양풍은 태양의 자력선을 따라 움직이며, 그 속력은 지구 근방을 지날 때 초당 평균 400㎞ 정도쯤 된답니다. 태양풍은 시냇물이 수면 위로 솟아난 돌 옆으로 비켜 흐르는 것처럼 지구로 직행하지 않고 돌아서 나가게 되므로 보통 우리는 태양풍의 영향을 받지 않지만 가끔 간접적 피해를 보기도 해요. 태양 폭풍이 지구 자기장을 흔들어 통신 장치나 전력 장비 등에 악영향을 미치는 경우가 있거든요.

지구 관련 사이트

한국 천문 연구원 www.kasi.re.kr
우주의 과거, 현재 그리고 미래를 보다 정확히 이해하기 위한 연구, 천문학과 우주 과학에 대한 연구 및 사업, 국가 천문 업무 등을 수행하고 있어요.

한국 지구 과학 연합회 www.koreagu.or.kr
지구 과학 분야의 학문 교류와 공동 연구·개발을 목표로 6개 사단 법인이 주축이 되어 세운 학회예요. 지구 과학의 대중화를 위해 일반인들을 대상으로 한 학술 대회도 열고 있어요.

환경 운동 연합 kfem.or.kr
자연과의 공존을 목표로 1993년에 만들어진 우리나라 최대의 환경 단체예요. 54개의 지역 조직이 있으며 세계 3대 환경 보호 단체 중 하나인 '지구의 벗'에 우리나라 대표로 가입되어 있어요.

환경부 www.me.go.kr
자연 환경, 생활 환경의 보전, 환경 오염 방지, 수자원의 보전·이용 및 개발에 관한 사무를 관장하고 있어요.

기상청 기후 정보 포털 www.climate.go.kr
기후 변화에 대한 전문적 연구, 기후 변화 관련 협약에 따른 국가 정책 결정, 산업계와 경제계의 대책 방안 마련, 그리고 일반 국민들에게 기후 변화에 대한 정보 제공 등 기후 변화와 관련된 정보를 제공하고 있어요.

`영어` **미국 항공우주국(NASA)** www.nasa.gov
항공 우주 활동 전반의 기획부터 실시, 항공 우주 비행체를 이용한 관측과 측정, 우주 관련 과학 정보의 홍보 활동 등을 담당하고 있어요.

신나는 토론을 위한 맞춤 가이드

하나뿐인 우리의 지구에 대한 이야기를 재미있게 읽었나요? 이제 지구에 관한 한 박사가 다 되었다고요? 그 전에 마지막 단계인 토론을 잊지 마세요. 토론을 잘하려면 올바른 지식과 다양한 정보가 바탕이 되어야 해요. 책을 다 읽고 친구 또는 엄마와 함께 신나게 토론해 봐요!

잠깐! 토론과 토의는 뭐가 다르지?

토론과 토의는 모두 어떤 문제를 해결하기 위해 의견을 나누는 일입니다. 하지만 주제와 형식이 조금씩 달라요. 토의는 여러 사람의 다양한 의견을 한데 모아 협동하는 일이, 토론은 논리적인 근거로 상대방을 설득하는 일이 중요합니다. 토의는 누군가를 설득하거나 이겨야 하는 것이 아니기 때문에 서로 협력해서 생각의 폭을 넓히고 좋은 결정을 내릴 때 필요해요. 반면 토론은 한 문제를 놓고 찬성과 반대로 나뉘어 서로 대립하는 과정을 거치지요.

넓은 의미에서 토론은 토의까지 포함하는 경우가 많습니다. 토론과 토의 모두 논리적으로 생각 체계를 세우고, 사고력과 창의성을 높이는 데 도움을 준답니다.

토론의 올바른 자세

말하는 사람
1. 자신의 말이 잘 전달되도록 또박또박 말해요.
2. 바닥이나 책상을 보지 말고 앞을 보고 말해요.
3. 상대방이 자신의 주장과 달라도 존중해 주어요.
4. 주어진 시간에만 말을 해요.
5. 할 말을 미리 간단히 적어 두면 좋아요.

듣는 사람
1. 상대방에게 집중하면서 어떤 말을 하는지 열심히 들어요.
2. 비스듬히 앉지 말고 단정한 자세를 해요.
3. 상대방이 말하는 중간에 끼어들지 않아요.
4. 다른 사람과 떠들거나 딴짓을 하지 않아요.
5. 상대방의 말을 적으며 자기 생각과 비교해 봐요.

우리의 미래는 어떨까요?

다음은 미래가 긍정적으로 변할 것이라고 생각하는 사람들과 미래가 부정적으로 변할 것이라고 생각하는 사람들의 대화예요. 그들의 이야기를 잘 보고 여러분도 2040년의 미래가 어떻게 변할지 생각해 보세요.

오행복: 미래는 긍정적일 수밖에 없어. 사람들은 결국 우리가 상상한 것들을 현실화하여 다양한 기술력을 키울 거야. 그러면 탄소가 나오지 않는 에너지를 만들어서 지구 온난화 등의 기후 변화를 늦출 수 있겠지.

나기쁨: 인간의 감정에는 불쌍한 사람이나 동물을 보면 도와주고 싶어 하는 마음이 있어. 그런 마음 때문에 많은 사람들이 뜻을 모아 생물을 더 소중하게 보호하고 생물의 멸종도 막을 수 있어.

왕만족: 이탈리아 서쪽의 놀리 연안에 있는 토마토 농장 '니모의 정원'에서는 실험적으로 물속에서 흙이나 농약 없이 토마토를 키우고 있다. 토마토를 물속에서 키운다는 것은 과거에는 전혀 상상도 못했을 거야. 그런데 사람들은 식량 부족을 해결하기 위해 땅이 아닌 곳을 개발하고 연구하고 있어.

전불행: 탄소 배출량을 줄이지 않으면 지구 온난화는 더욱 더 심해질 거야. 그러면 기후 변화로 빙하는 점점 녹아 남극과 북극의 생태계에 문제를 일으키겠지. 그리고 점점 온난해지고 건조해지는 기후 탓에 더 큰 산불이 일어나고 있어.

이슬픔: 사람들은 물건 사는 것을 좋아해. 그러다 보니 자원을 정신없이 써 대겠지. 나중에 에너지 자원뿐만 아니라 식량 자원의 부족으로 지구상의 모든 생명체는 큰 곤경에 빠질 게 분명해.

온불만: 바닷속으로 들어오는 플라스틱은 어떻게 할 거지? 해마다 바다로 흘러 들어가는 플라스틱 양이 약 800만 t이나 된대. 몇백 년이 지나도 썩지 않는 플라스틱 때문에 해양 생물들이 목숨을 잃고 있어.

위의 글을 읽고 2040년 지구가 긍정적이라고 생각하는 사람들의 대화 내용과 부정적이라고 생각하는 사람들의 대화 내용을 정리해 보세요.

1. 긍정적으로 생각하는 사람들

2. 부정적으로 생각하는 사람들

논리적으로 말하기 1
국토 개발과 환경 보전, 어느 쪽이 더 중요할까요?

다음은 '국토 개발과 환경 보전'에 대한 내용입니다. 글을 읽은 후 왜 국토 개발과 환경 보전이 필요한지 각각의 입장에서 이유를 이야기해 보세요.

사람들은 점점 늘어나는데 한정된 자원을 쓸 수밖에 없어서 여러 가지 문제가 발생하고 있어. 이를 해결하고 합리적이고 효율적으로 자원을 이용하는 방법은 없을까? 각 나라에서는 국민들의 편안하고 안정된 삶을 위해 대규모 간척 사업, 산업 단지, 주택 단지, 철도, 도로, 다리, 터널, 공항, 댐과 같은 중요한 시설을 만들고 있어.

그런데 이렇게 사람들을 위해 국토를 개발하다 보면 환경 보전에 대한 문제를 생각하지 않을 수 없어. 그래서 예전부터 댐이나 터널 등을 만들 때 그 지역 사람들과 건설사 사이에 갈등이 생기고는 하지. 환경을 지켜야 한다는 사람들과 국민들의 편의를 생각해야 한다는 사람들의 생각 차이로 국토를 개발하는 일이 쉽지만은 않아.

국토를 개발할 때에는 다음과 같은 것들을 주의해야 해. 첫째, 개인의 이익만을 생각하여 국토를 개발해서는 안 돼. 국민을 위해 공간을 좀 더 효율적으로 개발하기 위한 고민이 있어야 해. 둘째, 국민의 생활 수준을 골고루 향상시키기 위해 국토 개발을 해야 해. 셋째, 제대로 개발한 국토 개발 사업은 국민들의 생활을 편리하게 도울 수 있어. 넷째, 정해진 양의 자원을 합리적이고 균형적으로 개발하기 위해서도 국토 개발이 꼭 필요해.

하지만 한편에서는 국토를 개발할 때 생기는 문제에 대해 심각하다고 경고하는 사람들도 있어. 첫째, 가장 큰 문제점은 국토 개발로 자연이 파괴되고 생태계가 파괴된다는 점이야. 둘째, 숲이 사라지면 홍수나 가뭄의 조절 능력이 약해지지. 또한 산사태의 위험도 커져. 셋째, 사람들이 편하게 살기 위한 주거 공간의 개발로 집값이 올라가 돈을 목적으로 투기가 생기기도 해.

1. 국토 개발이 필요한 이유

2. 환경 보전이 필요한 이유

논리적으로 말하기 2
원자력 개발은 정말 필요한 것일까요?

'한 번 사고가 나면 엄청난 피해를 입히는 원자력 산업을 중지해야 한다.'라는 의견을 어떻게 생각하는지 찬성과 반대로 나누어 이야기해 보세요.

쓰나미는 지진이나 화산 폭발 등으로 바다의 큰 물결이 육지로 갑자기 넘쳐 들어오는 자연 현상이야. 2011년, 일본 도호쿠 지방 태평양 해역 지진으로 거대한 쓰나미가 있었어. 그래서 후쿠시마 원자력 발전소에서 방사능 누출 사고가 발생했지. 진도 9.0인 지진 앞에서는 지진에 대비해서 만든 원자력 발전소도 소용이 없었어.

하늘과 바다는 경계선이 없기 때문에 원자력 발전소에서 나온 방사능은 대기나 바닷물을 따라 다른 나라에까지 영향을 주기도 해. 또 이보다 훨씬 이전인 1986년 4월 26일, 우크라이나 체르노빌에서는 원자력 발전소가 터졌어. 그곳은 지금까지도 방사선이 나온대. 그래서 현재는 사람이 살 수 없는 유령 도시가 되었지.

원자력 발전소는 핵분열이나 핵융합 같은 원자력 에너지를 이용하여 전기를 생산해 내는 발전소야. 화력 발전에서 생긴 탄소는 지구 온난화를 만들고 지구 기후를 변화시켰어. 그래서 사람들은 탄소를 발생시키는 발전을 점차 줄여야 한다고 목소리를 높였지. 그 해결안으로 나온 것이 원자력 발전이었어.

원자력 발전은 전기를 만들 때 탄소가 거의 나오지 않아. 그래서 화력 발전보다는 지구 온난화에 큰 영향을 주지 않아. 그리고 원자력 발전에 쓰이는 재료는 화력 발전에 쓰이는 재료보다 가격이 더 싸다는 장점도 있어. 게다가 화력 발전보다 더 많은 전기를 만들어 낼 수도 있지. 그러나 원자력 발전도 단점이 있어. 원자력을 사용하면 방사능 쓰레기가 나와. 방사능은 생명체에 나쁜 영향을 주기 때문에 이 쓰레기는 콘크리트로 꽉 봉해서 흙이나 바다 밑에 묻어 두지. 하지만 만에 하나 방사능 쓰레기가 조금이라도 새어 나오면 흙이나 바다는 방사능에 오염돼서 정말 심각해지지. 그래서 사람들은 원자력 산업을 더 이상 계속하는 것은 너무 위험하다며 원자력 산업을 중지해야 한다고 하고 있지.

1. 찬성

2. 반대

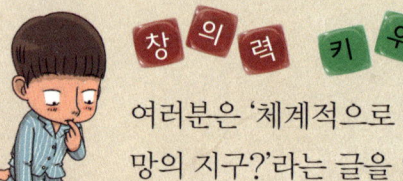

창의력 키우기

여러분은 '체계적으로 생각하기'에 나타난 '2040년, 희망의 지구? 절망의 지구?'라는 글을 읽고 어떤 생각을 하였나요? 2040년의 지구는 어떤 모습을 하고 있을지 2040년, 미래의 내가 되어 지금의 나에게 2040년의 모습을 소개하는 글을 써 보세요.

예시 답안

우리의 미래는 어떨까요?

- 긍정적 생각: 첫째, 다양한 기술력으로 탄소가 나오지 않는 에너지를 만들어 지구 온난화에 대처할 것이다. 둘째, 사람들은 사라져 가는 동물을 보호하기 위해서 더욱 자연을 보존하고 아낄 것이다. 셋째, 사람들은 부족한 식량을 위해 땅이 아닌 다른 곳에서도 식물을 재배할 수 있는 기술을 발전하여 식량 부족에서 벗어날 것이다.
- 부정적 생각: 첫째, 탄소 배출량을 줄이지 않아 지구 온난화는 더욱 더 심해질 것이다. 둘째, 사람들의 지나친 소비 문화로 에너지뿐만 아니라 식량도 부족할 것이다. 셋째, 바닷속은 사람들이 버린 플라스틱으로 심각하게 오염될 것이다. 따라서 많은 바다 생물들이 멸종될 것이다.

국토 개발과 환경 보전, 어느 쪽이 더 중요할까요?

- 국토 개발: 더 나은 삶을 위해서는 국토 개발을 해야 한다. 첫째, 국민을 위해 공간을 좀 더 효율적으로 개발해야 한다. 둘째, 국토 개발은 국민의 생활 수준을 고루 향상시킬 수 있다. 셋째, 제대로 개발한 국토 개발 사업은 국민들의 생활을 편리하게 도울 수 있다. 넷째, 정해진 양의 자원을 합리적이고 균형적으로 개발할 수 있다.
- 환경 보전: 사람들의 생활만을 위한 국토 개발을 해서는 안 된다. 첫째, 국토 개발은 자연과 생태계를 파괴시킨다. 둘째, 숲이 사라지면 홍수나 가뭄의 조절 능력이 약해지고 산사태의 위험도 커진다. 셋째, 지나친 개발로 개발 지역의 집값이 올라가 또 다른 문제를 만든다.

원자력 개발은 정말 필요한 것일까요?

- 찬성: 원자력 발전소는 한 번 사고가 나면 그 나라뿐만 아니라 이웃 나라에까지 엄청난 피해를 준다. 한 번 피해를 입은 사람이나 동식물은 몇십 년이 지나도 그 피해에서 벗어날 수가 없다. 기형아를 낳을 수도 있고 동식물도 기형적인 모습이 나올 수 있다.
- 반대: 현재 기후 변화의 가장 큰 원인은 탄소 증가이다. 탄소가 증가하는 화력 발전소를 지금처럼 계속 이용한다면 우리는 기후 변화에 따른 자연 재해에서 벗어날 수 없다. 따라서 안전에 철저히 신경을 쓰며 탄소를 줄이는 원자력 산업은 계속되어야 한다.

AI시대 미래 토론

과학토론왕
정가 520,000원

✓ 뭉치북스가 만든 국내 최초 토론
✓ 한국디베이트협회와 교육

인재를 위한 과서

사회토론왕
정가 520,000원

✓ 초등 국어 교과서 선정 도서!
문가들이 강력 추천한 책!

한우리 추천도서 | 경향신문 추천도서 | 경기도 초등토론 교육연구회 추천 | 경기도 지부 독서 골든벨 선정도서 | 환경정의 어린이 환경책 권장도서

학교도서관 사서협의회 추천도서 | 한국 아동문학인협회 우수도서

뭉치수학왕

수학이 쉬워지고, 명작보다 재미있는

100만 부 판매 돌파!

"인공지능(AI) 시대의 힘은 수학에서 나온다!"

개념 수학

〈수와 연산〉
1. 양치기 소년은 연산을 못한대
2. 견우와 직녀가 분수 때문에 싸웠대
3. 가우스, 동화 나라의 사라진 0을 찾아라
4. 가우스는 소수 대결로 마녀들을 물리쳤어
5. 앨런, 분수와 소수로 악당 히들러를 쫓아내라
6. 약수와 배수로 유령 선장을 이긴 15소년

〈도형〉
7. 헨젤과 그레텔은 도형이 너무 어려워
8. 오일러와 피노키오는 도형 춤 대회 1등을 했어
9. 오일러, 오즈의 입체도형 마법사를 찾아라
10. 유클리드, 플라톤의 진리를 찾아 도형 왕국을 구하라
11. 입체도형으로 수학왕이 된 앨리스

〈측정〉
12. 쉿! 신데렐라는 시계를 못 본대
13. 알쏭달쏭 알라딘은 단위가 헷갈려
14. 아르키는 어림하기로 걸리버 아저씨를 구했어
15. 원주율로 떠나는 오디세우스의 수학 모험

〈규칙성〉
16. 떡장수 할머니와 호랑이는 구구단을 몰라
17. 페르마, 수리수리 규칙을 찾아라
18. 피보나치, 수를 배열해 비밀의 방을 탈출하라
19. 비례배분으로 보물섬을 발견한 해적 실버

〈자료와 가능성〉
20. 아기 염소는 경우의 수로 늑대를 이겼어
21. 파스칼은 통계 정리로 나쁜 왕을 혼내 줬어
22. 로미오와 줄리엣이 첫눈에 반할 확률은?

문장제
23. 개념 수학-백점 맞는 수학 문장제①
24. 개념 수학-백점 맞는 수학 문장제②
25. 개념 수학-백점 맞는 수학 문장제③

융합 수학
26. 쌍둥이 건물 속 대칭축을 찾아라(건축)
27. 열차와 배에서 배수와 약수를 찾아라(교통)
28. 스포츠 속 황금 각도를 찾아라(스포츠)
29. 옷과 음식에도 단위의 비밀이 있다고?(음식과 패션)
30. 꽃잎의 개수에 담긴 수열의 비밀(자연)

창의 사고 수학
31. 퍼즐탐정 썰렁홈즈①-외계인 스콜피오스의 음모
32. 퍼즐탐정 썰렁홈즈②-315일간의 우주여행
33. 퍼즐탐정 썰렁홈즈③-뒤죽박죽 백설 공주 구출 작전
34. 퍼즐탐정 썰렁홈즈④-'지지리 마란드라' 방학 숙제 대작전
35. 퍼즐탐정 썰렁홈즈⑤-수학자 '더하길 모테'와 한판 승부
36. 퍼즐탐정 썰렁홈즈⑥-설국언자 기관사 '어려도 달리능기라'
37. 퍼즐탐정 썰렁홈즈⑦-해설 및 정답

수학 개념 사전
38. 수학 개념 사전①-수와 연산
39. 수학 개념 사전②-도형
40. 수학 개념 사전③-측정·규칙성·자료와 가능성

정가 520,000원